나와 세상을 바꾸는
군인 아빠의 유쾌한 육아 이야기

아빠,
육아휴직해도
괜찮아

나와 세상을 바꾸는
군인 아빠의 유쾌한 육아 이야기

아빠, 육아휴직해도 괜찮아

초판 1쇄 인쇄 2018년 07월 20일
초판 1쇄 발행 2018년 07월 25일

지은이 손정환

발행인 백유미 조영석
발행처 (주)라온아시아
주소 서울시 서초구 효령로 34길 4, 프린스효령빌딩 5F

등록 2016년 7월 5일 제 2016-000141호
전화 070-7600-8230 **팩스** 070-4754-2473

값 13,800**원**
ISBN 979-11-89089-27-6(03370)

이 도서의 국립중앙도서관 출판시도서목록(CIP)은 서지정보유통지원시스템 홈페이지(http://seoi.nl.go.kr)와 국가자료공동목록시스템(http://www.nl.go.kr/kolisnet)에서 이용하실 수 있습니다. (CIP제어번호 : CIP2018022169)

라온북은 독자 여러분의 소중한 원고를 기다리고 있습니다. (raonbook@raonasia.co.kr)

나와 세상을 바꾸는 군인 아빠의 유쾌한 육아 이야기

아빠, 육아휴직해도 괜찮아

손정환 지음

프롤로그

군인 아빠, 육아휴직하다

아버지를 생각하면 떠오르는 기억이 있습니다. 하루의 힘든 노동을 마치고 간식으로 나온 빵을 고스란히 가져와 당신의 자녀들이 먹는 모습을 흐뭇하게 바라보셨던 아버지. 그 시대에는 누구나 그렇듯 목구멍이 포도청인 시대를 살았기에 아버지들이 자식들과 눈 한번 맞추며 놀아줄 시간이 없었지요. 그저 묵묵히 자기 일을 하셨고, 애정 표현보다 엄하게 야단치는 것이 미덕이라 생각하셨지요.

그런데 시간이 흘러 내가 결혼을 해서 남편이 되고, 아빠가 되었을 때, 사회가 요구하는 아버지의 모습은 너무도 달라져 있었습니다. 그래서 남편으로 또한, 아빠로 살아가는 데 수많은 난관과 어려움을 겪어야만 했던 것 같습니다. 그 모든 시행착오를 겪으면서 느낀 것은 인생을 살아가는데 더 필수적인 교육은 국·영·수가 아닌 연애·결혼·육아가 아닐까였습니다.

결혼 후 소중한 가족이 셋이나 늘어났고, 앞만 보고 정주행하며 달려오던 직장 생활에도 변화가 필요했습니다. 내가 지금 가고 있는 길이 맞는지 그리고 지나온 길은 어떠했는지, 점점 빨라져 가는 것만 같은 삶의 속도에 내가 어디에 있는지조차 감을 잡을 수 없을 만큼 혼란스럽게 느껴지는 일상에 쉼표가 필요하다는 생각을 했습니다.

그러던 어느 날 아내에게 '육아휴직'이라는 말을 처음 들었을 때, 내 인생에서 육아휴직이 어떤 영향을 줄지 미처 예상하지 못했습니다. 그리고 15년의 군 생활과 9년의 결혼 생활 동안 앞만 보고 쉼 없이 달려온 나는 아내의 육아휴직 제안을 마치 운명처럼 받아들였습니다.

하지만 '아빠 육아휴직'의 사례가 주변에 없었기에 혹시 육아휴직을 신청하면 불이익을 받는 건 아닐까 하는 불안감이 컸습니다. 주변에서 접할 수 있는 아빠 육아휴직 사례는 치열한 고민의 과정은 건너뛴 채 즐거운 육아 과정을 기록한 책들뿐이었습니다. 결심하기에는 정보가 너무나 부족했지만, 아내의 복직이 현실로 다가왔기에 무작정 실행에 옮겼습니다. 이미 세 아이를 위해 3년의 육아휴직을 사용한 아내가 택할 수 있는 대안은 없었습니다.

남자, 군인, 파일럿인 제가 육아휴직을 신청하는 과정에는 많은 시행착오와 어려움이 있었지만 덕분에 육아휴직을 통해 가정 안에서 잃어버렸던 아빠의 자리를 찾을 수 있었습니다.

남자들의 육아휴직 신청이 자유로워졌다고는 하지만 여전히 현실적인 어려움이 많습니다. 그래서 제 경험을 육아휴직을 고민하고 있는 아빠들과 공유하고 싶었습니다. 물론 육아휴직은 누구에게나 권할 수 있는 최선책은 아닙니다. 그렇지만 아이들이 부모를 필요로 하는 중요한 시기에 함께할 수 있다면 그 시간은 무엇과도 바꿀 수 없는 소중한 추억으로 기억될 수 있을 겁니다.

아직 우리나라는 아빠 육아휴직에 대한 사회 분위기가 호의적이지는 않습니다. 그러나 변화는 이미 시작되었고 사회와 가족이 돈 버는 아빠가 아니라 가족의 중요 일원으로서의 아빠를 요구하고 있습니다.

사람마다 주어진 여건과 환경이 다르기에 저의 생각과 경험이 해답이 될 수는 없겠지만, 육아휴직을 고민하는 아빠들에게 제가 거쳐 온 과정과 생각이 찾고자 하는 답에 가까워질 수 있는 이정표가 되기를 바라며 이 글을 쓰게 되었습니다. 이 책이 일과 가족 사이에서 고민하는 이 시대의 아버지들에게 도움이 되기를 희망합니다.

마지막으로 육아휴직을 결심하고 실천하는 과정뿐만 아니라 생전 처음 책 쓰기에 도전할 수 있도록 격려해준 은율, 지우, 민우 삼 남매와 나에게는 과분한 아내에게 사랑한다는 말을 전합니다. 아이들을 늘 사랑으로 보듬어 주시는 양가 부모님, 그리고 고모들에게도 고마운 마음을 전합니다. 또한, 육아휴직이라는 1년의 공백에도 든든하게 자리를 지켜준 공군 제6탐색구조비행전대 선후배들에게도 깊은 감사를 전합니다.

아빠 육아휴직을 시작하기 전에

No Kids VS 다자녀, 선택의 갈림길에서

평범하기만 했던 소년 시절에 찾아온 좌절

나를 설명하려면 살아온 과거를 말해야 할 것 같다. 내가 태어나서 성장한 곳은 신라 천 년의 고도라 불리는 '경주'다. 늘 수학여행 온 학생들로 붐비는 고즈넉한 도시. 지방색이 무척 강하고 보수적인 곳으로 여느 소도시와 크게 다르지 않다. 내 어린 시절을 돌이켜보면 크게 눈에 띄지도 두드러지지도 않은 그저 평범한 소년이었다.

아버지는 공장 노동자로 평생을 살아오셨다. 일을 그만두기 전에 '사장'이라는 타이틀을 잠시 가지고 있긴 했지만, 그 역시 공장에서 권고사직과 함께 동일한 업무를 하청 형태로 바꾸면서였다. 사장이 된 후 아버지는 접대 업무가 추가되어 잦은 술자리와 음주를 하게 되었고, 결국 뇌출혈로 수술까지 받게 되었다. 손기술 하나로 생계를 꾸려나가는 노동자에게 뇌 수술로 인한 반신마비는 사형선고나 다름없었고, 아버지 대신 가족의 생계를 책임지기 위해 어머니는 내가 다니던 고등학교 앞에 조그마한 분식집을 운영하게 되었다.

우리 가정은 어려운 여건이었지만 아버지는 열심히 재활에 힘썼고 나 역시 쉬는 시간마다 분식집으로 달려가 온갖 잡일과 때로는 인근 여학교 교무실까지의 배달도 도맡았다. 그러나 남자 고등학교 앞 분식집은 생각만큼 장사가 잘 되는 업종이 아니었다. 그래서인지 노력에 비해 상황은 점점 더 나빠져 갔다.

사관학교 입학과 함께 알게 된 세상

그러던 중 사관학교를 홍보하기 위해 선배들이 학교를 찾아왔다. 당시 지방 학생들은 서울에 있는 대학을 졸업하고 번듯한 기업에 취업하는 것이 꿈의 전부였다. 그런데 사관학교는 내게 하나의 탈출구처럼 보였다. 학비 무료에 용돈까지 지급된다고 하니 이 기회에 효도할 수 있겠다는 확신이 들었다. 그렇게 사관학교에 들어가게 되었고, 쉽지 않은 가입교 훈련(기초 군사 훈련)을 마치고 드디어 입교식을 맞이하게 되었다.

하지만 호사다마라고 했던가. 면회를 오던 가족이 무리하게 휴게소로 진입하던 고속버스를 피하려다 교통사고를 당했다. 사고로 가족들은 뿔뿔이 흩어져 입원 치료를 받게 되었으며, 누나가 직장을 정리하고 내려와 홀로 기약 없는 간병을 시작했다. 돌이켜보면 다시 이겨낼 수 없을 것만 같았던 고통의 시간을 무사히 헤쳐 나올 수 있었던 것은 어쩌면 가족의 힘이었던 것 같다. 가족이라는 존재의 무게와 의미를 동시에 느낄 수 있었던 10년이 그렇게 시작되었다.

교통사고 수사 과정에서 유능한 변호사 선임과 증인 매수로 무장한 대기업의 전횡을 마주하며, 하루에 100만 원이 넘는 중환자실(집중치료실)의 무시무시한 비용에 무력감을 느낄 수밖에 없었고, 시간이 지남에 따라 일가친척과 주변의 무관심에 상처받을 수밖에 없었다. 결국, 내게 남은 것은 왜곡된 세상에 대한 불신과 분노뿐이었던 것 같다.

어렵기만 한 세상에서 딩크(DINK)족을 꿈꾸다

처음 직장 생활을 시작했을 때 내 월급은 조종수당을 제외하고 100만 원 정도였다. 지금 내 곁에 함께하는 아내 역시 넉넉하지 않은 가정 형편과 나와 크게 다르지 않은 급여를 받고 있었다. 그래서 우리는 자연스럽게 딩크(DINK, Double Income No Kids)족을 지향하게 되었다. 그때는 적은 급여로 집을 장만하는 것도, 아이에게 필요한 경제적인 지원을 해주는 것도, 부부의 삶을 온전히 즐기는 것도 어려워 보였기 때문에 출산이 아이와 부모를 모두 불행하게 할 것이라는 인식이 강했다.

이성적으로는 'No Kids'의 길을 가는 것이 옳다고 외치고는 있었지만, 내면 깊은 곳에서는 늘 내 곁에서 힘이 되어 주었던 형제·자매에 대한 미련을 버리지 못했다. 아내 역시 3남매 중 둘째였고, 나 역시 그랬다. 여건이 된다면, 이왕 아이를 가지게 된다면 외롭지 않게 셋째까지 낳자는 암묵적인 합의가 우리 부부에게 이미 존재한다는 것을 알게 되었다. 계획하지 않은 첫째의 임신으로 말이다.

이렇게 첫째가 태어나면서 'No Kids'의 길은 싱겁게 끝나 버렸고, 이제는 몇 명의 아이를 낳을 것인가 하는 현실적인 고민이 시작되었다. 그리고 그 결과는 세 아이의 육아를 위해 고군분투하고 있는 지금의 내 모습이다.

지금부터 세 아이를 키우는 아빠로, 한 가정의 남편으로 육아휴직을 선택할 수밖에 없었던 과정, 육아휴직을 슬기롭고 효율적으로 보내기 위해 했던 고민과 결과들을 나누고자 한다.

| 차 례 |

4장 여보, 나도 아빠가 처음이야

5장 육아휴직이 끝나고 난 뒤

1장

“아빠와 남편이 필요 없는 시대”

아들? 남편? 아빠?
남자는 혼란스럽다

최근 몇 년 사이 육아에 있어 엄마의 역할보다 아빠의 역할을 강조하는 분위기가 강해지고 있다. 서적이나 다큐멘터리를 넘어 예능에 이르기까지, 갑자기 이 세상 모든 아빠들이 자신의 역할을 망각하고 살아가고 있다고 질타받기 시작했다.

엄마 육아에서 아빠 육아로, 혼란스러운 아빠

남자들은 혼란스럽다. 이 시대의 아빠들은 가정의 일은 하나도 배우지 못한 채 자랐다. 아들은 집안의 대들보라는 말을 들으며 그저 부모가 시키는 대로 능력이 닿는 한 공부에 매진해야만 했다. 내가 자랄 때는 남자가 주방을 드나드는 것조차 금기시되었다. 그 시절 아들과 딸이 해야 하는 일은 엄격히 구분되어 있었고, 집안일을 하려고 하면 예외 없이 '고추 떨어진다!'는 협박을 받았다.

아들로 살아온 나는 시간이 흘러 결혼을 하게 되었다. 연애할 때는 결혼이 무엇인지 진지하게 생각해볼 여유가 없었다. 그저 오래 연애를 하면서 이 사람이면 괜찮겠다는 확신이 들어 결혼이라는 관문에 골인했다. 양가의 종교적 견해와 문화적 차이로 연애만 8년 이상 해야 했던 나에게 연애와 결혼이 마냥 쉬운 것만은 아니었다. 요즘이야 부부학교라는 곳이 있어 시행착오를 줄일 수 있는 길이 생기고는 있지만, 과거 대부분의 신혼부부는 자신의 부모가 살아온 모습을 결혼의 표본으로 생각하고 살아갈 수밖에 없었다.

그러다가 나는 자연스럽게 부모의 길로 들어섰다. '내가 아빠가 될 준비가 되어 있을까?' 이런 생각이 꼬리에 꼬리를 물었지만 뾰족한 해법은 없었다. 아이가 생겼다고 해서 당장 생업을 그만두고 태교에 올인할 수도 없을뿐더러 우리가 보고 배운 육아의 중심에는 늘 어머니가 있었고, 모든 육아는 어머니의 몫이었다. 출산과 육아는 어머니, 가족의 생계는 아버지가 책임지는 것이

내가 자라면서 봐온 모습이었다.

그런데 요즘은 맞벌이가 당연해지면서 엄마가 집안일에만 신경 쓸 수 없게 되었고, 남편이 가사를 분담해야 가정을 유지할 수 있다. 그러다 보니 이 시대를 살아가는 남자들은 어머니가 육아를 전담하던 과거의 경험과 가정일은 전혀 배우지 못한 무지, 변화된 사회의 압박이라는 삼중고 속에서 갈피를 잡지 못하고 있다. 남편으로서 가사를 분담하려고 노력해보지만 아직도 아내가 가사에 있어 절대적으로 많은 시간을 할애하는 편이며, 남자들은 과거의 아버지들보다 더 많은 가사 일을 하는데도 불구하고 부족하다는 말을 듣게 된다. 이렇게 노력한다 한들 분명한 지향점도, 그곳에 이르기 위한 과정도 쉽게 알 수가 없다. 설사 확고한 자신의 역할 모델을 발견하고 그에 부합하기 위해 노력하려고 해도 조직의 상층부는 여전히 구습에 젖어 있기 때문에 남자가 가정에 충실하다는 것은 자칫 이단아로 낙인찍힐 우려도 있다.

아빠들이여 변화하려면 우선순위를 바꿔라

요즘 남자들은 부모나 고령의 친인척에게는 가정의 주도권을 쥐고 살아가는 강한 가장의 모습으로, 가정에서는 가사와 육아를 분담하는 자상한 남편의 모습으로, 직장에서는 업무와 회사를 삶의 중심에 놓고 살아가는 충직한 심복으로서의 모습을 보여주어야 한다는 압박감에 시달리고 있다. 이런 초라한 모습의 인생 선배들이 후배들에게 전하는 말이라고는 '너는 절대 결혼하지 마!'라는 피상적인 조언뿐이다.

그렇다면 이런 현실을 극복할 수 있는 방법은 존재하지 않는 것일까? 그 해답은 바로 자신에게 있다. 인생을 살아가는 방법은 다양하다. 각자가 자신의 신념과 철학대로 살아가기에 우리네 삶은 다양성이 빛나는 동시에 저마다의 개성을 가질 수 있는 것이다. 하지만 이 책을 집어 든 당신이라면 적어도 좋은 남편과 아빠가 되기 위해 노력하고 있다는 증거다.

남편으로서 변화해야 한다는 사실은 어렴풋이 알겠으나, 변화로 인해 포기해야 하는 것들에 대해 생각하다 보면 망설여지는 것이 사실이다. 그것은 당신의 삶에 아직 우선순위를 정하지 못했다는 뜻일 수도 있다. 자신에게 주어진 여러 가지 역할의 우선순위를 정하는 것이 바로 삶의, 행동의 원칙을 정하는 첫걸음이기 때문이다. 내 삶의 중심은 당연히 나 자신이다. 그리고 평생을 함께 살아갈 아내가 그다음이며, 장성해 또 하나의 가정을 이루고 살아갈 자녀들이 그 뒤를 잇는다. 가족이라는 울타리 안에 존재하는 모든 이들을 위한, 그리고 나의 자존감과 내적인 성장 동력이자 경제적 혜택을 가져올 수 있는 직업이 마지막 순위이다. 결국 내 가족이 직장보다 우선할 수밖에 없음에도 우리는 끊임없이 직장 내에서 충성해야만 하는 아이러니에 처해 있다.

나 역시도 별반 다르지 않은 삶을 살아왔다. 한 선배의 후회와 회한으로 가득 찬 진심 어린 조언을 듣기 전까지는 말이다.

아빠 없는 가족을 물려줄 것인가?

내가 대구에서 근무할 당시 아침 회의를 마치고 나면 일반 기업체라면 임원급 직위의 승진을 눈앞에 둔 한 선배와 사적인 이야기를 자주 주고받았다. 그 선배는 당시 내가 몸담고 있던 조직에서 서열 2위였으며, 독립된 사무실에서 막대한(?) 영향력을 행사하는 위치에 있던 터라 나에게는 그가 남부러울 것 없는 사람으로 보였다. 그런 위치의 선배가 다음과 같은 이야기를 담담하게 나에게 전해주었다.

'지난 30년간의 직장 생활 중 가장 후회가 되는 것이 무엇인지 아느냐? 바로 가족이다. 승진을 위해 가족을 남겨 두고 인사 이동 명령에 따라 이곳저곳 옮겨 다니며 살아왔는데, 이제는 모처럼 휴가를 얻어 집에 있어도 왠지 나는 낯선 손님 같은 기분이 든다. 아이들은 엄마와 사소한 것까지 이야기하는데, 나에게는 고작 용돈 달라는 말뿐이다. 이미 나 없이 완벽하게 돌아가는 집 안에서 내가 할 일이나 나의 존재 의미를 찾기는 힘든 것 같다. 그래서 나는 차라리 사무실이 편하다.'

가족을 위해 지난 30년을 치열하게 살아온 선배였음에도 지금은 가족 곁으로 돌아갈 자리가 없다는 아이러니한 현실이 결혼을 앞둔 내게도 결코 남의 일 같지 않게 느껴졌다. 나 역시 미래에 태어날 아이에게 내 아버지와 같은 이미지를 남겨주지는 않을지…. 나에게도 아버지라는 존재는 고마운 대상이기는 하지만 늘 기억에서는 흐릿한 자리로 남아 있다. 그런 아버지가 된다는 것은 또 다른 공허와 감정적 빈곤의 대물림을 의미하는 것이 아닐지.

긍정의 에너지를 무한 발산해주는 가족

일상을 살아가는 우리에게 필요한 것은 균형 잡힌 식사와 충분한 수면이 전부는 아니다. 매일매일 고갈되는 감정 에너지를 재충전할 수 있는 자신만의 방법이 필요하다. 잠깐 눈을 돌려 사무실에 앉아 일하는 수많은 부모들의 책상을 보면 아이들의 사진을 어렵지 않게 목격할 수 있다. 평범한 대다수 직장인들은 스마트폰에 저장된 아이들의 사진을 보며 지치거나 힘든 상황을 추스른다. 이른 아침 졸린 눈으로 집을 나서는 아빠에게 출근 뽀뽀를 선사하는 아이, 피곤에 젖어 천근만근 무거워진 몸을 이끌고 돌아온 아빠를 향해 달려와 안기는 아이를 보면서 삶의 의미를 찾는 것이다.

'가화만사성'이라는 말을 만들어낼 만큼 조상들은 가정의 소중함을 깨닫고 있었던 것은 아닐까? 가정에 우환이 있는 직원의 출근길이 즐거울 수는 없다. 근심과 걱정이 있는 사람이 매순간 마주치는 모든 사람들에게 행복한 웃음을 보여줄 수는 없다. 물론 꾸며낸 거짓의 미소를 지을 수는 있겠지만, 그런 미소의 유효기간은 짧을 수밖에 없다. 아내와 잦은 다툼이 있거나 불화의 길을 걷고 있는 사람이 직장에서 긍정적인 에너지를 발산하며 눈에 띄는 성과를 내기는 힘들다.

인생은 장거리 마라톤, 점점 사라져가는 아빠의 자리

종종 우리나라의 노동 생산성이 정체되어 있다고 회자된

다. 사회로 쏟아져 나오는 신규 고용 인력들은 과거보다 더 화려한 스펙과 열정으로 무장되어 있다. 대부분의 직장인이 쉴 틈 없이 자기계발에 매진하고 있어 성인 학원 시장이 학생 학원 시장을 앞지르기까지 했다고 한다. 그럼에도 불구하고 사회가 바라보는 노동 생산성이 향상되지 못하는 것은 무슨 이유일까? 관련 분야를 전공한 것은 아니지만, 개인적으로 바라보는 우리 사회는 너무나 무거운 피로감에 젖어 있는 것 같다. 높은 경제 성장의 과실은 얻었지만 그 과정에서 사회 통합의 문제나 개인의 삶의 균형 같은 요소들은 정작 관심사 밖으로 밀려나 소외된 것이라고 생각한다.

사람은 기계가 아니다. 아니 기계도 무리하면 쉬어 가며 정비를 받아야 한다. 우리 사회의 목적 지향적인 분위기가 일시적으로는 성과를 이끌어낼 수 있을지는 몰라도 그 과정에서 피로감이 누적될 수밖에 없는 구조이기 때문이다. 이제는 단거리 전력질주가 아니라 장거리 마라톤에 맞도록 사회구조를 바꿔나가야 한다. 단거리로 성적을 내기에는 우리 사회나 경제규모가 너무 많이 성장했기 때문이다. 장거리 마라톤의 핵심은 지구력이며, 페이스 조절이다. 사회 구성원이 흔들림 없이 꾸준한 성과를 낼 수 있도록 환경을 변화시켜야 하며 그 중심에는 '가족'이 있다.

그리고 '가족'은 아빠의 자리를 계속해서 비워둔 채 기다려주지 않는다. 만약 이런저런 핑계로 아빠의 자리로 돌아갈 시기를 놓친다면 그 자리는 당신에게 영영 주어지지 않을 것이다. 지금 이 시간에도 가족 내에서 아빠(남편)의 자리는 서서히 사라져 가고 있는 중이다. 바로 당신이 언젠가 돌아가야 할 그 자리가.

4차 산업혁명과 가족, 아빠의 역할

인류의 발달사와 함께 변화된 남녀의 역할

생산의 측면에서 인류의 발달사를 보면 크게 수렵 및 채집, 영농 그리고 산업화 시대로 구분 짓는 경우가 많다. 특히, 산업혁명은 1차 증기기관의 발명, 2차 전기에너지의 활용 및 컨베이어 벨트식 대량생산, 3차 인터넷 환경·컴퓨터 정보화 혁명으로 구분하고 있다.

현대를 살아가는 대부분의 사람들은 정보에 민감하고 현

실로부터의 도태에 대한 두려움 때문에 촉각을 예민하게 곤두세우고 다가올 4차 산업혁명에 대비하기 위해 노력하고 있다. 그런 까닭에 그 정체가 무엇인지 정확하게 알지도 못하는 '4차 산업혁명'이라는 화두로 세상이 떠들썩하기까지 했다.

인류사의 시계를 들여다보면 산업혁명은 그 기원이 빨라야 18세기 중반이며, 명확한 인식을 바탕으로 정의를 내린 시기가 19세기 중반이다. 최초 현생인류의 등장을 200만 년 전으로 잡는다면 200여 년 남짓한 기간은 10,000분의 1에 불과하다. 하지만 이 기간 동안 인류가 감내해야 했던 변화는 10,000배가 넘어서는 충격이라 할 만큼 파급효과가 컸다. 특히, 남녀의 역할 변화가 가장 다이내믹하게 전개된 시기였다고 할 수 있다.

노동력이 중시된 초기 남성 중심의 사회

수렵과 채집생활을 하던 시대를 상상해보자. 아직 현재와 같이 안정되고 신뢰 있는 사회가 형성되기 이전이었으며, 사방에는 적들이 넘쳐났을 것이다. 생존을 위해 사냥하고, 싸우면서 당연히 근력과 전투 능력이 상대적으로 우수한 남성이 중요한 위치를 차지할 수밖에 없었다. 당시 여성의 사회적 지위가 종속적이었다는 고대사 자료에서도 위와 같은 추리가 가능하다.

농경 사회 역시, 크게 다르지 않았다. 농경 사회의 근간이 노동력이었으며, 여전히 집단적 약탈 행위가 존재했고 많은 노동력을 요구하는 농경의 특성상 남성이 핵심 계층이 되었다.

세계대전 이후에 중요시된 여성의 사회적 지위

산업 사회에 이르러 증기 기관을 포함한 기계가 광범위하게 도입되었지만, 여전히 노동의 근원은 남성이었다. 당시 기계는 사람을 위한 설계가 아닌 다수의 인력을 보완하는 수준이어서 생산과 운영 및 보수에 상당한 근력이 요구되었다. 하지만 산업화 후반기 기계 기술의 발달을 배경으로 세계대전이라는 긴 터널을 통과하며 많은 여성 인력이 더 중요한 역할을 수행하기 시작했다. 전쟁에 참전한 남성의 대체 인력으로 산업 현장에 뛰어들면서 여성의 경제적, 사회적 지위는 향상되기 시작했다. 공장뿐만 아니라 운송 수단인 버스, 택시 등 생산·서비스 전반에 우먼파워가 등장했고 이들의 정치적 요구에 따라 여성참정권이 관철된 것이다. 산업화와 민주주의의 선두주자였던 영국조차 1919년에 이르러 제한적으로 여성참정권(30살 이상의 여성)이 등장했고, 사우디아라비아는 2015년에야 여성에게 참정권을 줬다.

좋은 아빠는 선천적일까? 후천적일까?

이런 역사적 과정을 언급하는 이유는 남성과 육아라는 주제를 다루는 대부분의 연구들이 남성의 두뇌는 여전히 수렵과 농업 시대에 적응되어 있다는 사실에 배경이 되기 때문이다. 아이의 울음소리에 반응하는 민감도를 MRI로 촬영한 실험에서 남녀의 차이가 두드러지게 나타나는 것도 이 설명을 뒷받침하는 근거로 종종 활용되고 있다.

유전을 연구하는 사람들이 즐겨 활용하는 실험 대상이 '초파리'다. 수명이 짧은 만큼 유전적 기질의 발현을 가장 빨리 확인할 수 있기 때문이다. 유전적 기질은 후대에 확률적으로 나타나고 변화의 진행이 더디다. 그렇기에 방사선과 같은 강력한 외부적 영향을 배제한다면 인류사의 모래시계만큼이나 더디지만 안정적으로 나타날 수밖에 없다. 그런 측면에서 보면 200만 년 중 199만 9,800년을 수렵과 영농으로 살아왔던 남성에게 갑자기 변화된 역할을 요구하는 것은 실로 엄청난 유전적 기질의 변화를 요구하는 것과 같다. 이것이 현재 우리 사회의 모습이기도 하다.

그렇다고 해서 남성이 육아에 있어 종속적인 위치에 있을 수밖에 없다는 식의 옹호를 하려는 것은 아니다. 인간의 후천적 기질은 교육을 통해 얼마든지 변화할 수 있기 때문이다. 그만큼 변화에 적응하는 능력이 뛰어났기에 멸종에 이르지 않고 현재까지 존재할 수 있는 것이라 생각한다.

여성의 사회적 지위 변화와 달라지는 사회 현상들

우리 사회를 둘러보자. 여성의 사회적 활동은 점차 활발해지고 그 비중도 증가하고 있다. 일본의 경우 경제 발전의 주요 화두로 여성의 경제 참여율 제고를 천명하고 있다. 대한민국 역시 여성의 경제 참여율이 일정 수준을 넘어서면 오히려 출산율이 증가한다는 연구 자료를 근거로 보다 적극적인 정책들을 고려하고 있다. 이러한 사회적 지위 변화를 바탕으로 여성들은 더욱 적극적으로 자신들의 목소리를 내고 있다. 황혼 이혼을 포함한 이혼율의 증가나 골드미스, 싱글맘의 등장은 이런 현상을 단편적으로 보여주는 사례라 할 수 있다. 실제 외국에서는 결혼은 하지 않고 육아만 하겠다는 여성의 비율이 점차 증가하는 추세에 있으며, 아이러니하게도 사회가 발전하면 할수록 경제력으로 자신의 필요를 충족시킬 수 있는 다양한 생활·육아 서비스들이 일반화되면서 오히려 남성의 역할은 상대적으로 감소하고 있는 것으로 보인다. 쉽게 말해 예전에는 벽에 못질하거나 전구라도 교체하려면 집안에 남자가 있어야 한다는 이야기가 설득력이 있었지만, 요즘은 방문 심부름 서비스나 고효율·고수명의 LED 전등이 등장하면서 점차 설득력을 잃어가고 있는 형편이다.

더는 미룰 수 없는 남성, 남편, 아빠들의 변화

여성의 변화에 비해 남성의 변화는 그 기회가 제한되었다. 사회나 조직이 변화하기 위해서는 세대교체가 이루어져야 하지만, 여전히 과거의 가족 문화나 경제 성장기를 거쳐 온 세대가 영향력을 행사하고 있다. 실상 이들도 딜레마에 빠져 있다. 대학 이상의 학력으로 귀하게 키운 딸이 가사와 육아에 매여 있는 모습을 보면 안타까운 마음으로 사위를 못마땅하게 바라보게 된다. 그렇지만 동시에 막상 자신의 직원 혹은 부서원이 남성 육아휴직을 사용하겠다고 하면 못나거나 모자란 사람 취급을 해버리는 이중적인 태도를 보이는 경우가 많다.

그럼에도 이 시대를 살아가는 아빠들은 변화의 대열에 합류해야만 한다. 한 사람의 노력은 가정을 변화시키지만 여러 사람의 노력은 사회를 변화시키기 때문이다. 변화를 미루면 미룰수록 언젠가 내가 돌아가야 할 남편 혹은 아빠라는 자리는 서서히 사라져 갈 수밖에 없다.

'아내와 아이들은 언제까지나 나를 기다려주지 않는다.'

'독박육아'라는 단어의 이면에는 육아로 인한 고충을 제대로 이해하지 못하고 필요할 때 도움을 주지 않은 남편에 대한 분노가 담겨 있다. 당신이 자신을 합리화시키면서 육아에서 한 걸음 물러서 있는 동안 감정의 골은 깊어질 수밖에 없으며, 이것이 장차 가정의 불안 요인으로 성장하게 되는 것이다. 한 솥의 사골국을 남편 몫으로 남겨 두고 아이들과 여행을 떠나는 아내의 모습을 당신이 직접 목격하게 되는 경우는 없어야 하겠다.

2장

아빠가 아이를 키운다는 것

라떼파파, 북유럽 아빠들의 육아

새로운 양육의 시도 라떼파파의 등장

한가로운 낮에 아이를 태운 유모차를 밀면서 한 손에는 라떼를 들고 유유히 산책하는 아빠들. 우리가 생각하는 북유럽 아빠들의 모습이 바로 '라떼파파'다. 우리가 출산과 육아 그리고 부부 양육에 있어 모범으로 꼽는 북유럽 국가들은 어떻게 지금의 모습을 가지게 되었을까? 그들을 이해해야 우리가 나아가야 할 방향에 대해서도 알 수 있을 것이다.

저출산 현상을 말할 때 원인으로 지목되는 것 중 하나가 인구의 도시 집중과 대가족 중심에서 핵가족으로의 변화 그리고 여성의 경제적 활동으로 인한 맞벌이의 증가 등이다. 그렇다면 우리가 겪고 있는 단계를 먼저 거친 서구 선진국의 출산율은 우리보다 더 낮을 것 같아 보인다. 하지만 OECD 평균(1.68명, 2017년)을 보더라도 우리가 더 낮은 출산율(1.05명)을 기록하고 있다. 이 부분에 대한 객관적인 연구 결과가 있는 것은 아니지만, 출산율과 관련된 몇 가지 연구와 북유럽의 사회와 육아에 관련된 글을 살펴보면 쉽게 파악할 수 있다. 그 결과를 토대로 우리가 지향해야 할 대략적인 방향과 북유럽 아빠들이 육아에 적극적으로 참여하게 된 배경에 대해 이해할 수 있게 될 것이다.

OECD 3개국 출산율 비교

(단위: 명)

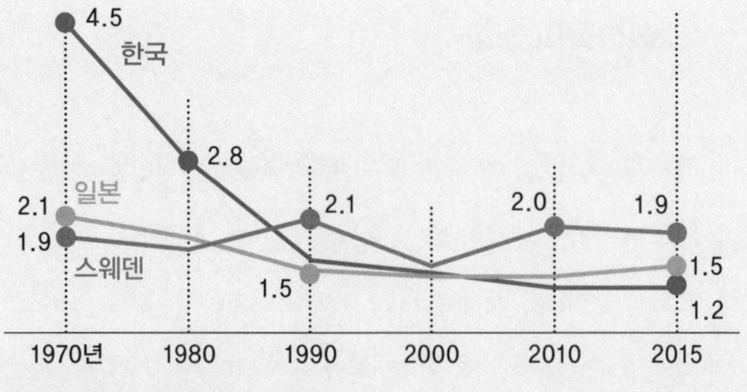

※1995년 남성 의무 육아휴직 출산율을 도입한 스웨덴은 OECD 국가 중 유일하게 1970년 출산율 수준을 유지

자료 출처: '스웨덴을 보라… 남성 육아휴직 출산율 높여, 「국제신문」, 2017. 6. 11.

저출산 극복을 위한 스웨덴의 복지 정책

북유럽 국가 중 하나인 스웨덴의 출산율은 1930년대에 2명 이하로 급락했고, 1932년 집권한 사민당은 경제학자인 군나르 뮈르달(Gunnar Myrdal)과 알바 뮈르달(Alva Myrdal) 부부에게 해결 방안에 관한 연구를 의뢰했다. 뮈르달 부부는 '인구 문제의 위기(Crisis in the Population Question)'라는 보고서를 통해 주택 문제, 청년 실업 문제, 출산 및 육아비용, 여성의 사회 진출 등 산업화와 도시화에 따른 사회적 변화와 이에 따른 생활 방식의 변화가 저출산의 원인이라고 지목했다.

저출산의 원인이 밝혀짐에 따라 '사회 정책은 비용이 아니라 생산적 투자이며, 사회적 안정이 없이는 성장도 없다'는 주장이 펼쳐졌다. 기혼 여성들의 노동시장 참여를 유도하기 위해 공동육아환경을 조성해 경제적 자립을 도모할 수 있도록 전 국민을 대상으로 하는 무상보육과 육아 수당 정책들을 입법화했다.

1939년 갓 결혼한 여성 해고 금지 → 1947년 전 국민 육아 수당 지급 → 1972년 맞벌이를 권장하는 양성평등 세금제 도입 → 1973년 결혼 및 공동육아법 도입 → 1974년 6개월 유급 부모 육아휴직 → 1975년 어린이집 운영 확대 → 1979년 사업장에서의 양성평등 → 1980년 9개월 유급 부모 육아휴직 → 1989년 15개월 유급 부모 육아휴직.

스웨덴의 정책 흐름을 살펴보면서 우리가 현재 시행하고 있는 정책과 유사하다는 것을 알 수 있었다. 요즘 우리가 주목하고 있는 '경단녀(경력 단절 여성)' 문제라든가, 7세 이하 육아수당, 남녀 임금 차별, 국립 어린이집 확충, 부모 육아휴직 장려 등이 스웨덴에서는 우리보다 이미 70~80년 전에 시행된 정책들이라는 사실이 충격으로 다가왔다.

프랑스·스웨덴·한국 출산율 비교

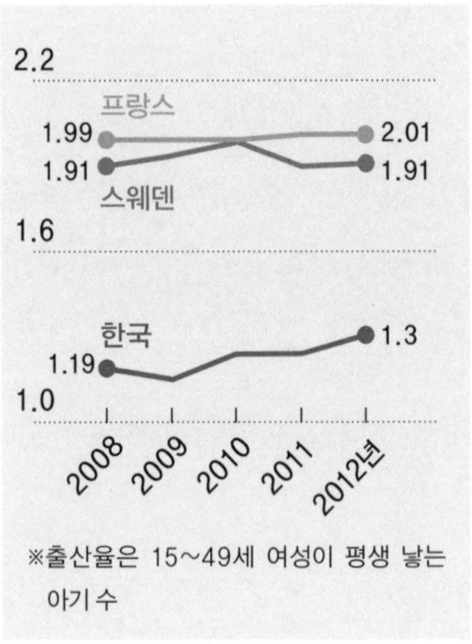

자료: 통계청

프랑스 가족수당 월 급여액

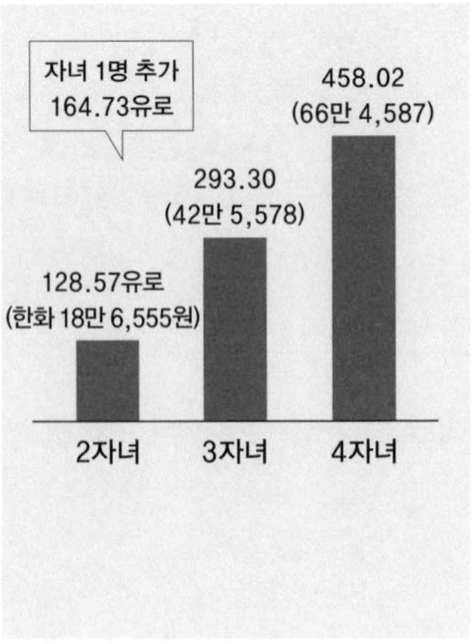

자료: 프랑스 국가가족수당금고 재구성

'라떼파파'가 탄생하게 된 배경

이러한 정책적 시도들이 사회적 마찰 없이 순탄하게 진행된 것은 아니었다. 1943년 보수당의 발의로 공공 부문에서 기혼 여성의 고용을 금지하자는 법안이 9개나 올라왔을 정도로 스웨덴도 우리나라처럼 남성 중심의 가부장 문화가 사회 전반에 뿌리 깊게 자리하고 있었다. 그러나 꾸준한 사회 변화의 요구 속에서 남성의 육아휴직 비율이 1980년대 후반에는 한 자릿수에서 2000년대 후반에는 20퍼센트를 넘어설 만큼 증가하게 되었다. 또한 출산 및 육아에 대한 공공의 지원이 크게 증가하자 기혼 여성의 경제 활동 참여도 더불어 증가해 1980년대에는 경제 활동 참가율이 90퍼센트에 이르게 되었다. 성별에 따른 임금 차이도 여성 임금이 남성의 86퍼센트 수준으로 EU 평균 이상이며, 정치 참여도 적극적이어서 의회 내 비중이 45퍼센트에 이르고 있다. 라떼파파가 탄생한 과정에 이런 변화들이 숨어 있다.

여성의 사회·경제 참여를 독려하기 위해 보육시설을 확충했고, 여기에 필요한 인력은 다시 여성으로 채웠다. 이는 가정의 평등과 육아의 평등으로 나타났고, 아이들은 부모를 통해 자연스럽게 성별에 따른 역할에 얽매이기보다는 양성평등에 눈을 뜨게 된 것이다. 이런 환경에서 새로운 성 역할을 보고 자란 남성의 육아 참여가 증가한 것은 어쩌면 자연스러운 현상일 것이다.

복지국가 북유럽의 특징은 소득에 비례해 세금이 늘어나는 구조로 부의 재분배를 촉진해 고소득 직업에 대한 유인 요인을 감소시키는 결과를 가져왔고, 이는 벽돌공과 의사의 소득 격차를 줄여주었으며, 이렇게 조성된 재원을 국민의 교육과 노후 등 사회 보장에 투입함으로써 최소한의 삶의 수준을 보장하는 효과를 가져왔다.

복지와 출산율의 관계

복지가 중요한 이유는 출산율과 관계가 있기 때문이다. 동물도 환경이 풍족한 상태에서는 왕성하게 번식하지만 열악한 상태에서는 출산을 미룬다. 사람 역시 미래에 닥쳐올 불안과 불확실성을 인식하게 되면 출산을 미루는 본능과 합리적 선택을 지향하려는 이성이 존재하기 마련이다. 삶의 안정성을 좌우하는 요인으로는 주거와 소득, 노후 대비 그리고 양육비(특히 교육비)가 있다.

한국보건사회연구원의 '신혼부부 주거생활 주기와 출산 간의 연관성 연구' 보고서에 따르면 전세의 경우 현재 자녀 수 0.78명, 계획 자녀 수 1.56명으로 상대적으로 주거 안정성이 높은 자가 소유(0.86명, 1.66명)나 무상(0.94명, 1.78명)과 비교했을 때 현재 자녀 수와 계획 자녀 수 모두 낮게 조사됐다.

– '주거 안정성 높아야 출산율도 높아' 연구 결과, 「한국정책신문」, 2018. 3. 28.

주거 안정을 위해 수입의 대부분을 지출하는 우리와는 달리 북유럽 국가들은 다양한 형태의 임대주택이 안정적으로 공급되고 유지·관리됨에 따라 이를 바탕으로 가족계획을 세우고 실천하기 쉽도록 환경이 형성되어 있다. 주거뿐만 아니라 소득의 상대적 격차가 적고, 사회보장을 통해 노후나 실직과 같은 위험에 대비되어 있으며, 무상교육 시행과 맞춤형 진로교육으로 입시 경쟁이 존재하지 않아 사교육이 불필요한 교육 여건이 육아의 부담을 낮춘 것이다.

불필요한 경쟁이 사라진 자리에는 삶의 여유와 가족 중심의 문화가 생겨났다. 소모적인 교육 경쟁이 줄어들면서 아이들은 충분한 신체놀이와 협동 활동을 통해 육체적 건강과 활력을 가지게 됨과 동시에 타인과의 협력이나 소통 능력을 갖추게 되었다. 개인으로서는 똑똑하지만 리더로서의 소양이나 소통 능력이 부족한 우리와는 다른 길을 가고 있는 것이다.

또한 북유럽은 아빠의 육아휴직을 활성화하기 위한 제도적인 노력도 뒷받침되어, 휴직 전 소득의 70~80퍼센트를 보장해 주며 의무적으로 사용해야만 하는 최소한의 휴직 기간을 법적으로 정해 아빠들이 육아에 더욱 적극적으로 참여할 수 있는 환경을 만들어주고 있다. 아빠 육아휴직이 일반화되면서 사회 구성원들의 인식도 변화해 육아휴직을 경력의 오점으로 생각하는 비율도 감소했다.

이제는 아빠도 육아에 참여해야 한다

우리나라 역시 여성 육아휴직이 처음 도입될 때만 해도 조직 전반에서 여성 인력을 기피하거나 같은 여성끼리 육아휴직자를 차별하는 현상이 나타나기도 했다. 하지만 자신도 언젠가는 혜택을 받을 수 있다는 인식이 확산되고 육아휴직이 퇴사로 연결되는 불합리가 감소하는 분위기가 형성되자 육아휴직 사용에 대한 거부감이 크게 줄어들고 있다.

남성 육아휴직 역시 여성 육아휴직의 도입기와 마찬가지로 현재 사회적 인식과 제도의 미비로 활성화가 미흡한 형편이지만, 점차 여건이 개선되고 있기에 앞으로 활성화될 것이라 생각한다. 그것은 북유럽 라떼파파들의 과거를 살펴보며 얻은 결론이며, 이는 단순히 아빠의 육아 참여가 활성화된다는 측면에서 그치는 것이 아니라 그간 가정의 경제 주체로 많은 부담을 지고 살아왔던 아빠들이 이제는 양성평등과 육아 참여라는 시대적 변화를 통해 직장 생활의 스트레스와 짐을 일정 부분 내려놓고 가족의 일원으로 돌아갈 수 있는 기회를 제공한다는 측면에서 가정의 복원이라고 생각한다.

아빠 육아휴직은 혜택이다

북유럽 라떼파파에 얽힌 여러 가지 자료들을 살펴보면서 느낀 것은 육아휴직이 아빠의 의무가 아니라 혜택이라는 생각이었다. 일부 남성들은 직장 생활만 해도 피곤한데 집에 돌아와 가사와 육아까지 신경 써야 하는 이 시대가 요구하는 아빠의 역할이 너무 과중하다고 이야기한다. 하지만 육아에 참여하고 아이들과 추억을 쌓아가는 것은 언젠가 아빠가 마주할 미래가 현실이 되었을 때 과거에 대한 후회와 공허감에 빠지지 않도록 가족의 뿌리를 튼튼하게 만들어주는 것이며, 가사에 참여하는 것은 아내와 더 많은 시간을 보내며 대화를 통해 부부 관계의 근간을 이루는 소통과 신뢰가 쌓인다는 뜻도 된다.

그렇다면 우리의 육아 현실은 어떨까? 아직은 우리 사회의 시각이 '라떼파파'에 관대한 것은 아니지만, 늘 그래 왔듯이 여성의 사회 참여가 증가하고 삶의 질을 추구하는 분위기가 확산될수록 더욱 늘어날 것이다. 실제로도 매년 증가하고 있는 남성 육아휴직자의 숫자를 보면 충분히 예상이 가능한 결과다. 다만, 대부분의 남성 육아휴직이 6개월 미만의 단기인 경우가 많아 질적인 부분에 관한 관심이 지속적으로 필요하다. 다음 장에서는 우리 사회의 선구자적 위치에서 남성 육아휴직을 사용한 아빠들의 직·간접적인 사례를 통해 우리의 육아휴직 환경을 살펴보려고 한다.

한국 아빠들의 육아휴직

아빠 육아휴직에 첫걸음을 뗀 한국

한국 아빠들의 육아휴직 모습은 어떨까? 북유럽과 달리 우리나라는 아빠들의 육아휴직이 본격화된 지 얼마 되지 않았다. 남성 육아휴직자 수는 2017년 현재 1,2만 명이며, 기간 역시 평균 6개월에 미치지 못하는 수준으로 연간 신생아 수 40만 명을 고려했을 때 아직은 가야 할 길이 먼 것이 현실이다.

대한민국의 아빠들이 육아휴직이라는 결심에 이르기까지

난관도 많지만, 실천하는 과정에서도 고난의 연속이다. 부모 세대를 보고 배우며 형성된 자신의 가치관과 주변의 시선에 맞서 싸워가는 동시에 아이와 서로 적응해 가야 하는 과정이 만만치 않기 때문이다. 무엇이 한국 아빠들의 육아휴직을 힘들게 할까?

남성 육아휴직자 추이

(단위: 명)

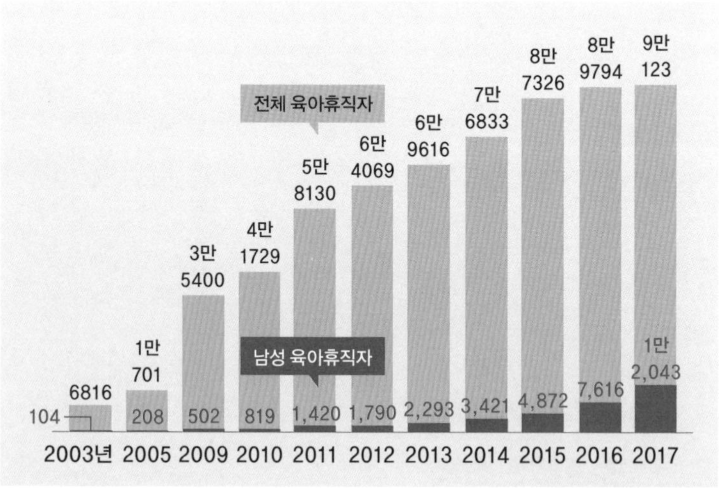

자료: 고용노동부

한국 아빠들의 육아휴직이 힘든 이유

첫번째, 아빠의 역할에 대한 인식의 문제다. 이 시대를 살아가는 대부분의 아빠들은 자신의 아버지를 역할 모델로 알고 살아왔다. 가족의 경제적 문제를 책임지고 가정의 중심으로서 흔들림 없는 모습, 때로는 권위를 지닌 가장의 모습이 익숙히 보아 온 모습이다. 그런데 지금의 사회는 아빠들도 앞치마를 두르고 가사와 육아에 동참하라고 독려한다. 이러한 강요는 한 번도 고민해 본 적이 없는 문제에 직면했을 때 느끼는 막연함과 함께 좌절을 맛보게 한다. 무엇을 어디서부터 해야 할지 감도 오지 않는다. 누구도 알려주지 않았고 방법은 외면한 채 그저 가야 할 목적지만 제시하는 무책임한 선동만이 주변에 가득할 뿐이다.

그러므로 아빠 스스로 자신의 정체성을 찾아가야 하는 과제를 해결해야만 한다. 어떤 남편이 될 것인지, 어떤 아빠가 될 것인지 끊임없이 스스로 질문하고 가족과 소통하면서 자신의 정체성을 찾아가는 과정이 필요한 것이다. 아빠는 이런 과정을 거치면서 막연하기만 했던 자신의 정체성과 육아 철학을 정립할 수 있게 된다.

사실 육아에 대한 마음가짐과 방향성만 확고하다면 방법론적인 부분은 인터넷의 자료를 활용하면 되는 문제다. 예를 들면 아이와 놀아주는 아빠가 되고자 한다면, 놀이 방법은 실내·실외 놀이부터 각종 생활도구를 활용한 놀이까지 조금만 검색하면 된다. 육아 카페와 블로그, 심지어 유튜브까지 정보는 넘쳐난다.

두 번째는 사회 인식 변화의 문제다. 내 지인의 경우, 육아휴직을 하고 한동안 바깥출입을 삼갔던 시기도 있었다고 한다.

자신의 육아휴직을 두고 만나는 사람마다 물어보니 일일이 설명해야만 하는 부담스러운 현실 때문이었다. 평일 낮에 마주치는 이웃 남자에게 보내는 주변의 시선이 조심스러운 것은 사실이다. 젊은 나이에 실업자(백수) 신세로 오해받기도 하고 심지어는 아내가 더 잘 버느냐는 질문을 받기도 한다.

어린이집에서 마주치는 엄마들과 선생님의 오해를 받기도 한다. 등원시간은 저마다 조금씩 다르기도 하고 서로 바쁜 시간이라 대화할 기회가 거의 없다. 그런데 하원 시간은 여유 있게 낮잠 후 데려가는 경우가 많다 보니 자주 듣는 질문이 '아이를 직접 하원시키시는 걸 보니 직장이 좋은 곳인가 봐요?'라는 질문을 종종 듣는다. 심지어 일부 할머님(조부모)들은 '한창 일해야 할 사람이 휴직하면 어떻게 하느냐?'는 근심 어린 말을 건네기도 한다. 퇴근 시간이 빨라서 좋겠다며 오해하는 엄마들에게 육아휴직 중임을 설명하는 것이 부담스럽거나 어려워하는 아빠들도 있다 보니 어린이집에 가는 것 자체를 불편해하기도 한다.

직장에서는 또 어떤가. 육아휴직을 업무를 피해 장기휴가를 떠나는 정도로 인식하는 경우도 많다. 육아휴직이라는 제도를 경험하지 못한 관리자들은 이런 경향이 더 강해서 경력 단절과 무(無)급여를 각오하고 육아휴직을 할 수밖에 없는 직원에게 이해할 수 없다는 눈길을 보내는 경우도 있다. 즉, 아직도 사회 곳곳에는 고정관념이나 구습에 젖어 있어 육아휴직이라는 새로운 세계에 대한 주변의 이해를 휴직자가 직접 구해야 하는 부담이 있다.

세 번째는 경제적인 문제다. 육아휴직을 앞두고 어느 정도의 대비는 하고 시작을 하겠지만, 휴직 기간이 길어질수록 통장의 잔고는 줄어들기 마련이다. 이런 현실 때문에 대한민국 남성 육아휴직의 평균 기간은 6개월에도 미치지 못하는 것이 현실이다. 아빠는 아빠대로 가장이라는 책임감으로 경제적인 문제를 받아들이게 되고, 직장에서는 승진이나 경력 관리 측면을 언급하며 부담을 주는 경우가 많다.

국가적으로도 고용보험에서 지급되는 육아휴직수당을 제외하고는 별도의 경제적 지원을 해주지 않으니 북유럽처럼 급여의 70~80퍼센트가 지원되어 온전히 육아에만 집중할 수 있는 사회제도가 부러울 따름이다. 아빠들의 카페에 올라오는 휴직 관련 문의 중 상당수는 휴직 기간 중에 할 수 있는 아르바이트에 관한 문의들이 많다. 나 역시 공무원(군인)이라는 신분에도 불구하고 휴직 기간 동안 할 수 있는 시간제 아르바이트에 대해 심각하게 고민해보기도 했다.

가장이 경제 활동을 잠시 쉰다는 것에 대한 부담감과 주변의 염려는 육아휴직을 결심하는데 장애가 되거나 육아휴직을 계획보다 빨리 종료하는 원인이 된다. 나 역시 차라리 맞벌이를 계속하며 육아·가사 도우미를 고용하는 것이 어떻겠느냐는 조언을 듣기도 했다. 사실 경제적 부분에서 도우미 비용을 감당할 수 있을 정도의 급여를 받는 사람이라면 직장을 계속 다니는 것이 현실적인 선택이 될 수밖에 없다.

네 번째는 육아 관련 정보 접근의 제한이다. 앞서 이야기한 것처럼 아빠들은 육아에 있어서는 아웃사이더에 가깝다 보니 아빠들을 위한 육아 정보는 극히 제한된 경우가 많다. 심지어 일부 맘카페는 남성의 가입을 원천적으로 차단해 그저 뉴스나 블로그 등 제한된 육아 정보만을 접할 수 있을 뿐이다. 육아하는 아빠들을 위한 카페들이 있기는 하지만 정부 주도로 하는 폐쇄적인 곳이거나 우후죽순으로 들어선 소규모 카페가 많은데다가 아빠들의 특성상 온라인 활동에 적극적이지 않다 보니 교류가 활발하지 않은 경우가 대부분이다. 요즘은 정부에서도 이를 인식하고 정보를 제공하기 위한 채널을 구축하기 위해 노력을 하고 있지만, 아직도 육아하는 아빠들의 눈높이를 맞추기에는 부족한 형편이다.

이 때문에 육아하는 아빠들이 모여서 서로의 고민과 생각을 나눌 수 있는 기회와 장소가 절실하다. 그래서 나는 지난 육아휴직의 경험을 나누고 앞으로 육아에 대한 마음가짐을 다잡기 위해 지역을 중심으로 한 육아아빠 오프라인 모임을 추진하기도 했다. 하지만 관심을 보이는 숫자에 비해 실제로 모임에 참여한 인원은 저조해 안타까운 마음이었다. 지금은 조금씩 참여하는 아빠도 늘고 관계를 유지하고 있는 아빠들 간에는 특별히 연락을 주고받기도 하는 등 다양한 경험을 공유하고 있다. 기회가 된다면 육아하는 아빠들이 부담 없이 모여서 육아와 인생에 관해 이야기를 나누거나 아이와 신체놀이를 배우고 즐길 수 있는 아빠 키즈 카페를 운영해보고 싶은 생각도 있다.

아직도 갈 길이 먼 아빠 육아휴직

아빠 육아휴직이 일반화된 북유럽 등 서구 국가들과 달리 한국의 아빠들은 육아휴직을 시도하고 성공적으로 마무리하기 위해 극복해야 할 난관들이 너무나 많다. 정부에서는 제도적으로 정비하겠다고는 하지만, 사회 인식의 개선이 병행되지 않는다면 제도만으로는 변화를 이끌어낼 수 없을 것이다. 정부 정책 역시 육아하는 아빠들을 위한 맞춤 서비스라기보다는 엄마들을 위한 서비스를 조금 다듬어서 제공하는 형태가 주류를 이루다 보니 아빠가 엄마의 대체재가 되어야 하는지 헷갈리는 경우마저 있다. 그만큼 우리는 아직까지 고민하고 수정해 나가야 할 부분들이 많다는 생각을 한다.

하지만 지금 육아휴직을 진지하게 고려할 수밖에 없는 상황에 있다면 환경이 변화하기를 기다리지 말고 스스로 준비해 보는 것은 어떨까? 이렇게 권하는 이유는 제도나 여건의 부족한 부분을 충실히 준비한다면 육아휴직이 인생에 있어 소중한 기회와 시간을 안겨준다는 것을 나는 경험을 통해 절실하게 깨달았기 때문이다. 실패하는 이유를 알았다면 실패하지 않도록 대비하는 방법도 찾을 수 있다. 그 방법에 대한 고민이 내가 이 책을 쓰고 또 많은 아빠들이 이 책을 읽는 이유일 것이다.

육아휴직은 두 번째 인생을 계획하는 시간

나, 아빠 육아를 생각하다

직장 생활에 조금씩 탄력이 붙어 가는 30·40대가 갑자기 육아휴직을 한다는 것이 쉬운 일은 아니다. 직장 생활 15년 차에 접어들던 나 역시 육아휴직에 대해 진지하게 고민해본 적이 없었다. 하지만 그 시기 아내가 세 아이를 위해 사용한 3년의 육아휴직이 어느덧 끝나가고 있었고, 엎친 데 덮친 격으로 아내의 회사 복지 정책이 바뀌어 어린이집 입소 신청에 연거푸 낙방의 고배를 마시고 있었다. 회사 방침에 따라 기존의 형제 우선 입소 정책이 폐지되고 무조건 추첨으로 변경된 탓에, 1년을 기다렸지만 셋째 아이의 입소 소식은 끝내 들을 수 없었다.

다행히 첫째는 초등학교 입학을 앞두고 있었고, 둘째는 사내 어린이집을 다니고 있었기에 셋째만 입소가 된다면 어떻게든 생활이 유지될 것 같았다. 그렇지만 셋째의 연이은 사내 어린이집 낙방 때문에 아내는 부득이 직장 근처 시립어린이집을 등원해야 하는 복잡한 출·퇴근 경로가 예상되었다. 게다가 초등학교 입학이라는 환경의 변화를 첫째가 어떻게 받아들이고 무사히 적응해 나갈지의 문제도, 처음 학부모가 되는 우리에게는 아주 민감한 사안이었다.

그뿐이 아니었다. 직장에서의 생활에도 변화가 필요했다. 7년째 이어지는 주말부부 생활에 몸과 마음은 조금씩 지쳐가고 있었다. 일요일 저녁이면 가지 말라고 붙잡는 첫째와 멋도 모르고 누나를 따라 함께 보채는 둘째를 떼어 놓고 집을 나서는 마음이 편치 않았다. 때로는 아이들이 자는 틈에 몰래 도망치듯 나오기도 했다. 다음 날 아침 아이들이 받을 상처와 뒷수습을 도맡을 아내의 고충이 걱정되기도 했지만, 그렇다고 현실을 극적으로 변화시킬 뾰족한 방법이 있는 것도 아니었다.

나, 아빠 육아휴직에 대안을 찾다

가족들과 함께 생활할 수 있는 방법은 몇 가지가 있었다.

첫째가 아내의 퇴사다. 그러면 직장(부대)에 있는 사택에서 함께 살 수 있는 기회가 있었다. 하지만 그렇게 되면 경제 활동을 시작한 이후 줄곧 양가에 드리던 경제적 지원을 끊어야만 했으며, 세 아이의 양육을 외벌이로 감당하기엔 어려움이 예상되었다. 게다가 아내의 회사는 복지 정책이 좋은 회사였기에 알게 모르게 혜택을 보는 부분도 많았다. 그 예로 어머니는 교통사고 후유증과 뒤이은 합병증으로 보험 가입이 어려웠지만 아내의 회사에서 제공하는 실비보험으로 몇 가지 수술과 치료를 받을 수도 있었다. 사내 어린이집 역시 시설과 보육교사 자질 면에서 손에 꼽히는 곳이었으며, 'Open Saturday'라는 직장 방문 사원가족행사 덕분에 아이들은 엄마의 직업에 대한 일종의 자부심도 가지고 있던 터였다.

반면, 아내의 이직은 고려하지 않았다. 내 직장(부대)이 지방인 탓에 아내의 경력으로 입사하기에 적합한 직장을 찾기가 힘들었기 때문이다.

둘째는 나의 전근이다. 사실, 가까운 성남(서울)비행장에는 같은 기수의 동료(동기)가 없어 어느 정도의 가능성과 기대도 가졌다. 하지만 조종사 전역 문제가 전반적으로 확산되어 있는 상황에서 소속 직장(부대) 역시 인력 충원이 빠듯한 실정이라 실현 가능성이 낮은 대안이었다.

셋째, 교육 과정을 통한 일시적 전근(합가)이다. 내 직장(부대)에서는 여러 가지 외부위탁 교육 과정을 운영하고 있었는데, 나는 그간 쌓아온 외국어(헝가리어 학사) 역량을 바탕으로 장기적으로 통일 관련 전문가로서의 입지를 다지기 위해 여러 차례 석사 과정의 문을 두드렸다. 주말을 통해 서울의 유명 학원을 다니며 고가의 토플(TOEFL)시험에도 응시하는 등 많은 준비를 했지만, 역시 인력 충원의 문제로 교육 과정에 대한 지원은 번번이 퇴짜를 맞았다.

마지막이 육아휴직이었다. 지난 5년 동안 여러 가지 대안을 모색하고 시도했으나 인력 충원이라는 방패를 뚫을 수는 없었다. 하지만 육아휴직은 법적으로 보장된 권리였기에 경우가 달랐다. 물론 법적으로 보장되었다는 것이 면죄부를 준다거나 불이익이 없다는 것은 아니다. 내가 처음 육아휴직을 언급했을 때 부서장이었던 선배가 해준 말이 기억난다.

"여건상 교육은 허락해 줄 수 없지만, 육아휴직은 법적인 권리이기 때문에 원한다면 사용해도 좋다. 하지만 네가 처음으로 가는 그 길이 가시밭길이 될 수 있다는 것을 알고 지원했으면 한다."

직장(부대)에서 최초로 육아휴직을 사용하는 남자 조종사라니…. 사회보다 보수적인 시각을 가진 군이라는 특성을 굳이 고려하지 않더라도 그에 따른 조직 내 편견은 어느 정도 자명할 수밖에 없는 상황이었다.

나, 아빠 육아휴직을 결심하다

하지만 더 이상의 대안은 나에게 없었다. 주말부부 5년차에 접어들며 이미 몸과 마음은 지쳐 있었고, 반복되는 조울증으로 무기력한 나날을 보내는 경우가 잦았기 때문이다. 퇴근 후 홀로 잠자리에 누워 천장을 바라보며 눈물짓는 날이 늘었다. 혼자서 식사와 집안일을 하다가 가족 생각 특히, 고생하고 있을 아내 생각이 많아졌다. 더 이상 이런 생활을 지속하는 것은 조직(직장)에도 개인에게도 마이너스일 수밖에 없다는 확신이 들었다.

직장 생활에 마이너스가 되는 것은 사소한 현실의 문제이고, 가족은 언젠가는 마주해야 할 중요한 미래의 일처럼 느껴졌다. 그런데 그렇게 생각하고 나니 관점의 변화가 일어났다. 과거 한 선배가 해주었던 가족이 없는 직장에서의 성공이 얼마나 공허한 것인가에 관한 이야기가 떠올랐다. 게다가 주말에만 만나는 아이들은 나의 기억과 인지가 따라잡지 못할 정도로 빠르게 성장하고 있었다. 첫돌 이후로 떨어져 지냈던 첫째가 벌써 초등학교 입학을 앞두고 있다니, 그동안 아이들이 커가는 모습을 놓쳐버린, 그리고 무심했던 나 자신에 대한 자책감마저 밀려들었다. 이제는 결정이 필요한 시기였다. 지난 시간 속에서 가족과 직장을 되돌아보고 새로운 기준과 관계를 정립해야 할 시기가 되었다고 판단했다.

아이들은 언제까지나 같은 자리에서 변함없이 부모를 기다려주지 않는다. 내가 생각하는 나중이라는 시간은 결코 나에게 오지 않을 시간이다. 행동하지 않는다면 시간이 당신에게 가져다 줄 수 있는 것은 후회와 회한뿐이다.

아빠 육아로 내 아이가 달라지다

낮은 출산율과 외로운 아이들

출산율 1.05명이라는 수치와 신생아 수 40만 명 붕괴라는 위기감 섞인 기사를 자주 접하게 된다. 그런 탓인지 한 명만 키우는 가정이 늘어 중국의 '소황제'라는 표현도 자주 회자되고 있고, 외동 산업이라는 분야도 성장률이 가파르기만 하다. 아이가 한 명뿐이니 부모뿐만 아니라 할머니와 할아버지, 심지어 고모와 삼촌의 경제력까지 집중되어 그야말로 불황 중 호황을 맞고 있다고 한다. 그런 분위기 탓에 아이를 버릇없게 키운다는 어르신들의 타박이나 나밖에 모르는 아이가 많아지고 있다는 경계 섞인 목소리도 들려온다.

전문직의 맞벌이인 A씨 부부. 그들은 과중한 업무로 시간을 낼 수 없는 미안한 마음에 하나뿐인 아이를 위해 상당한 지출을 감수하고서라도 부족함 없는 환경을 만들어주고 싶었다. 아이의 보육을 위해 입주 도우미까지 고용했지만 아이는 도우미의 손에 크면서 자기도 모르게 조선족 이모님의 말투를 따라 하는 일이 잦아지고 부모에게보다 더 강한 애착을 형성하는 상황에 이른다. 게다가 이런저런 아동학대 뉴스를 접하다 보니 부부의 마음은 늘 좌불안석이라 집안에 몰래 IP 카메라를 설치해 수시로 스마트폰을 통해 확인하고 있다.
월 150만 원이 넘는 영어 유치원을 보내지만 자존감 높은 아이들끼리 모인 곳에서 아이로 인한 다툼이 잦아지게 된다. 그러던 어느 날 중요한 손님과 가족모임을 하던 중, 갑자기 아이가 영어로 질문하고 답을 못하는 어른에게 그것도 모르느냐며 면박을 주고 초대되어 온 다른 아이와 다투는 아이를 보면서 부모는 그동안 해왔던 노력이 진정 아이를 위한 것이었는지 고민에 빠지게 된다.

소중한 내 아이를 잘 키우고 싶다는 부모의 마음은 누구나 같을 것이다. 그런데 어떻게 하는 것이 잘 키우는 것일까? 과거처럼 남부럽지 않게 넉넉한 환경을 만들어주는 것이 정답일까? 속칭 버릇이 없는 아이는 기질적인 것일까? 아니면 홀로 성장함에 따른 환경적인 요인 때문일까? 정말 끝없는 질문과 고민의 연속일 수밖에 없다.

아빠 육아와 엄마 육아 무엇이 다를까?

사고의 범위를 조금 좁혀서 양육자를 보자. 육아에 있어 아빠와 엄마의 차이는 무엇일까? 아빠와 엄마 역시 기질, 즉 성격의 영향을 받기는 하지만 대부분의 경우 사회화 혹은 관습화된 정형적인 모습이 존재한다. 그것은 아이를 대하는 아빠와 엄마의 차이를 보면 확연히 드러난다. 엄마는 끊임없이 아이를 관리하는 세심한 보육자의 역할을 자처한다. 반면 아빠는 아이를 관찰하고 지도하는 훈육의 역할을 맡는 경우가 많다.

식사를 예로 들어보자. 보통 엄마들은 아이를 따라다니면서까지 밥과 반찬을 떠먹여주는 경우가 많다. 영양의 균형까지 생각해 여러 가지 반찬을 고루 먹이려고 하고 소화가 잘 되도록 중간중간 국물을 떠먹여주는 세심함까지 보여준다. 반면, 아빠는 아이가 흘리든 말든 스스로 먹게 내버려두고 잘못된 행동이 보이면 그때서야 가르치려 든다. 그래도 달라지는 기색이 없으면 '배가 불러서 그런 것'이라 단정하고 식사를 마치도록 강제한다. 과연 누가 옳은 것일까?

엄마가 보여준 육아의 단면이 우리의 자화상이라면, 우리가 그토록 추종하고자 하는 서구식 혹은 북유럽식 육아는 아빠의 모습에 가깝다. 최소한의 관심과 지도로 자율성을 도모하는 것. 물론 아빠들의 행위가 자율성이 목적이라기보다는 기질적인 무관심과 귀찮음에 기인한 것일 수도 있다. 하지만 중요한 것은 식사를 떠먹이는 엄마는 그 과정에서 스트레스를 받지만, 아빠는 크게 스트레스를 받지 않는다는 것이다. 반면 엄마의 스트레스는 곧 분노로 연결된다. 식사를 제대로 하지 않는 아이에 대한, 그리고 이런 상황에서 무심한 아빠에 대한 분노로 말이다.

> 이탈리아 파도바 대학 연구진이 65세 이상 이탈리아 남녀 1,887명을 대상으로 4년 6개월간 연구한 결과 남편과 사별한 여성이 남편이 있는 여성보다 덜 우울하고 더 건강한 것으로 나타났다. 반대로 아내와 사별한 남성은 부정적인 영향을 받는다고 한다.
>
> 아들 키우는 엄마의 평균 수명이 딸을 키우는 엄마보다 짧다는 연구 결과도 있다. 핀란드 투르쿠 대학의 연구진이 핀란드

의 인구통계학적 자료를(17~20세기 여성 1,166명, 남성 6,360명) 분석해보니 아들을 많이 낳을수록 엄마의 수명은 짧아지는 반면 딸은 몇 명을 출산하더라도 수명에 영향을 끼치지 않았다는 것이다. 남성의 수명엔 변화가 없었다.

– '남편 · 아들…남자는 여자의 수명을 단축시킨다?', 「머니투데이」, 2016. 5. 21.

도전과 자율성을 키워주는 아빠 육아

누구나 배움의 과정이 있다. 아이 역시 마찬가지로 이런저런 도전의 과정을 거치며 배우는 중이다. 그런데 일반적인 엄마들처럼 아이들을 양육할 경우 그들에게는 도전의 기회조차 주어지지 않는다. 스웨덴 교육전문가 황선준의 책 『스칸디 부모는 자녀에게 시간을 선물한다』(예담friend, 2013. 12)에서 '북유럽 부모들은 아이가 어떻게든 혼자 식사할 수 있는 여건을 만들어주고 관찰한다'고 소개한다. 아이들이 새로운 것에 도전하고 익숙해질 수 있는 시간을 허락해 줄 수 있는 조건은 어찌 보면 엄마보다는 아빠에 의해 충족될 가능성이 높은 것이다. 즉 자율성의 범위가 아빠의 경우가 상대적으로 더 큰 것이다.

그렇다고 엄마의 양육 형태가 불필요한 것은 아니다. 아이가 태어나서 스스로 판단하고 행동하기까지는 주변의 위험에 대해 적극적으로 대처할 수 있는 능력이 떨어지기 때문에 엄마의 세심한 보살핌이 필요한 것이 당연하다. 그러나 성장을 하고 신체가 발달하면서 스스로 도전을 시작해야 할 시기가 도래하게 되는데, 일부 열성적인 어머니들에 의해 이런 기회가 박탈되는 경우가 많이 발생한다. 헬리콥터 엄마(속칭 치맛바람) 아래에서 자란 아이의 자율성이나 자기결정능력이 떨어지는 것도 이러한 영향을 보여주는 사례다.

사회성을 키워주는 아빠 육아의 힘

사회성의 측면에서도 생각해야 할 부분들이 많다. '아이는 부모가 낳고 사회가 키운다'는 말이 있다. 그만큼 부모 이외에 아이의 성장 환경을 이루는 사회의 역할이 중요하다는 뜻이다. 과거에는 향촌 사회 중심으로 모든 활동이 이루어졌으므로 그 속에서 태어나 성장하는 아이들은 자연스레 사회 전체의 영향을 받을 수밖에 없었다. 문밖을 나서면 마주치는 어른들을 한 분 한 분 신경 써야 했고, 마을 어른들 역시 자기 자녀나 손자를 대하듯 동네 아이를 가르쳤다. 또래 집단에도 서열이 있어 그 속에 적응하며 자신의 위치와 역할을 배우기도 했다.

그렇지만 지금의 사회는 어떤가? 윗집 아랫집은 고사하고 옆집에 누가 사는지 모르는 경우가 많다. 길 가다 마주치는 대부분의 사람들은 평생 다시는 마주치지 않을 낯선 사람들뿐이다. 서로 조심하기보다는 내가 중요하고 나를 중심으로 모든 것을 느끼고 판단하는 것이 자연스럽게 되어 버렸다. 이런 환경에서 성장한 아이가 과연 타인을 배려하고 포용하며 양보할 수 있을까?

일반적으로 엄마의 육아는 내향적이어서 아이를 동굴 안으로 이끈다면, 아빠의 육아는 외향적이어서 동굴 밖으로 인도한다. 부모의 기질에 따라 그 정도는 차이가 있지만, 보통 육아 과정에서 엄마는 전염성 질병과 사고의 위험 때문에 외출을 최소화하거나 육아맘 모임 정도만 참석한다. 반면 아빠는 개인적이거나 사회적인 모임에도 아이를 데려가는 경우가 많다. 사실 아이를 위한 것이라기보다는 아이를 볼 수밖에 없는 상황에서 모임은 참석하고 싶은 심리가 다분히 깔린 행동이기는 하지만 뜻밖에도 사회성에는 긍정적인 효과가 있다. 양육 기관을 활용하지 않고 가정에서만 양육한 아이와 어린이집을 다니고 있는 아이를 비교해 보면 후자의 경우가 더 개방적이고 붙임성이 높은 경우가 많기 때문이다. 교회라는 종교모임을 통해 정기적으로 교류하는 자리 역시 마찬가지다. 아이가 확실히 활발하고 적극적인 성향을 띄는 경우를 쉽게 관찰할 수 있다. 물론, 기질보다 우선한다기보다는 확률적으로 그런 성향을 띄는 경우가 유의미하게 많다는 것이다.

엄마 육아, 아빠 육아의 조화로움이 중요하다

새로운 대상이나 사물을 접할 때에도 엄마의 영향을 강하게 받은 아이들은 소극적이거나 조심성이 크지만, 아빠의 영향을 받은 아이들은 좀 더 모험을 즐기는 경향을 보인다. 이러한 성향들이 낯선 사물이나 사람에 대한 긍정적인 태도를 심어주는 것이 아닌지 유추가 가능해지는 부분이다.

여기서 강조하고 싶은 것은 엄마의 육아가 낫다거나 아빠의 육아가 낫다는 이분법적인 접근이 아니라 엄마와 아빠의 육아가 조화를 이루어야 한다는 점이다. '온실 속의 화초'라는 말이 있다. 엄마는 아이에게 온실과도 같다. 필요한 모든 것들이 주어지고 자신을 완벽하게 보호해주는 공간이 바로 엄마인 것이다. 문제는 우리의 아이들이 화초가 아니라는 점이다. 언제까지나 온실 안에서만 키울 수는 없다. 평생 자식을 품고 살아가는 부모의 삶이 행복할 수 없다는 것은 누구라도 다 아는 사실이지 않을까? 온실은 생착 초기의 화초나 질병 등의 이유로 회복을 위한 관리가 필요한 화초에게 필요한 공간이다. 진정 건강한 화초로 키우고 싶다면 일정 기간이 지난 다음에는 자연으로 내보내야 하며 이러한 과정이 엄마의 육아에서 아빠의 육아로 자연스럽게 전이되는 과정과 같지 않을까?

육아휴직, 100퍼센트 성공은 없다

육아휴직은 만능 해결책이 아니다

오랜 고민과 여러 가지 대안을 놓고 고민한 끝에 육아휴직을 결심했다면 어떤 마음가짐으로 휴직에 임해야 할까? 한 가지 분명한 것은 육아휴직이 만능 해결책은 아니라는 것이다. 육아휴직 1년으로 가족이 갑자기 달라지거나 양육 환경이 드라마틱하게 개선되는 이변은 없다. 육아휴직이라는 기간은 변화의 시작이자 기회를 제공해주는 것일 뿐이다. 이런 사실을 망각하고 거창

한 목표와 기대를 가지고 육아휴직을 시작한다면 아빠나 아이에게 귀중한 시간이 낭비되는 불상사가 생길 수밖에 없다.

육아휴직에 실패하는 아빠들의 공통점

육아휴직에 실패하는 아빠들에게 나타나는 공통점이 두 가지가 있다. 첫 번째는 과도한 성과 의식이다. '난관을 극복하고 육아휴직을 했는데 이 정도는 해야 하지 않겠어?'라는 생각이나 그간 소원했던 아이들과의 관계를 단기간에 회복시키겠다는 의욕을 앞세워 실행한 여러 가지 노력들이 성과를 보여주지 않을 때 아빠는 슬럼프에 빠진다. 두 번째는 준비 없는 육아다. 평소 육아나 가사에 관심도 없는 아빠가 육아휴직이라는 기회만으로 육아와 가사 실력이 눈에 띄게 늘 수는 없다. 오히려 준비 없이 시작한 육아휴직으로 수많은 시행착오를 거치며 좌절에 빠지게 될 가능성이 높다. 그 결과 더 이상의 의미를 찾지 못하고 조기에 직장으로 복직하게 되어 아내의 퇴사라는 마지막 카드를 선택하는 경우도 여럿 보아왔다. 육아휴직의 준비에 관해서는 다음 장에서 자세히 살펴보기로 하고 육아휴직에 임하는 자세, 특히 성과 의식에 대해 살펴보도록 하자.

성과 의식을 버려라

직장 생활을 10년 이상 하다 보면 가정에서의 일상마저 업무로 여기게 된다. 계획을 세우고 수정하고 평가해 성과를 측정하는, 이런 업무 습관이 자연스럽게 일상에도 나타나게 된다. 육아에 성과 의식을 접목시키게 되면 어떤 결과가 일어날까? 양육자인 아빠도 아이도 스트레스를 받을 수밖에 없다. 1년이라는 기간 동안 일종의 성과물을 얻어내려는 경향이 강해지기 때문이다.

누구나 자연스럽게 성과 의식을 가지게 마련이다. 육아휴직이라는 자체가 직장을 통한 경력 관리와 연봉을 포기한 기회비용으로 인식되기 때문에 아빠의 입장에서 희생한(?) 비용 이상을 회수하려는 강박관념이 자연스럽게 생길 수밖에 없다. 이렇게 힘들게 육아휴직 했는데 뭔가는 해야 하지 않겠는가? 혹은 이 정도 성과는 이끌어내야 하지 않겠는가? 라는 심리는 어쩌면 자연스러운 것일 수도 있다. 하지만 서두르면 밥도 설익듯이 육아도 문제가 생길 수밖에 없다.

나 또한 육아휴직 초기에 과도한 성과 의식에 사로잡혀 힘들어했던 기억이 있다. 아내와 직장과 주변에 아빠표 육아의 결정판을 보여주리라는 비장한 각오로 가사도 육아도 전투적으로 접근했다. 누가 봐도 깔끔한 살림을 위해 필요 이상의 에너지를 쏟아 붓고 아직 준비가 안 된 아이에게 아빠와 함께한다는 핑계로 학습지와 한글 공부를 강요했다. 아내가 퇴근하기 전까지 아이들 저녁 식사와 목욕을 마무리하고 잠자리에 들 준비를 마친 후, 아내를 위한 저녁상을 차려놓는 것이 일종의 목표치였다.

하지만 아이들이 어디 나의 마음과 같을 수 있을까? 유달리 더 놀고 싶어 하는 날이 있고 목욕하기 싫어하는 날이 있다. 반면 순순히 따라주는 날도 있다. 아직 아이들은 기질적으로 감정 조절능력이 부족하고 기분의 변화가 큰데, 규율과 원칙에 따라 몰아붙이려고만 했으니 아빠인 나도 아이들도 힘들 수밖에 없었다. 나도 한동안 '왜?'라는 의문을 달고 살았다. 왜 아이들은 내 말을 들어주지 않는가? 왜 아이들이 정해진 규칙을 따르지 않는가? 왜 나는 이것 밖에는 하지 못하는가? 왜? 왜? 왜?

육아에는 정답이란 없다

육아는 질문과 답변이 명확하게 일치하는 일상이나 업무가 아니었다. 나에게 육아는 변화무쌍한 아이들을 보살펴야 하는 변수로 가득한 미지의 세계였다. 결국 나는 오랜 고민 끝에 성과의식을 내려놓았다. 그러고 나니 육아가 훨씬 편해졌다. 육아휴직의 목표도 완벽한 양육보다는 앞으로 맞벌이를 하면서 아이들을 지속 양육할 수 있는 여건 조성으로 대폭 수정했다. 그리고 아이들이 스스로 하도록 지켜보는 것을 나의 역할로 삼았다.

그랬더니 보이지 않던 것들이 보이기 시작했다. 시간에 쫓겨 일과에 맞춰 아이들을 몰아붙이던 모습에서 아이들이 말하고 싶어 하는 것, 아이들이 원하는 것에 귀를 기울이게 되었다. 우유를 엎지르거나 밥알을 흘리면 내뱉던 잔소리를 줄이는 대신 스스로 할 수 있도록 지켜보고 격려하게 되었다. 아빠인 내가 굳이 몰아세우지 않아도 시간에 따라 자연스럽게 시도하는 과정에서 배우고 익히게 되는 것들이었기 때문이다. 게다가 육아휴직으로 나에게 넘쳐나는 것은 시간이었다. 과거처럼 시간에 쫓겨 부모가 모든 것을 해줄 필요성이 적었다. 무엇보다 아내가 홀로 세 아이를 돌보려면 아이가 스스로 할 수 있는 것들이 많을수록 도움이 될 거라는 생각도 들었다.

육아는 업무와 달라서 수치로 확연히 보이는 것도 아니고, 각 항목별로 평가가 가능한 것도 아니다. 그러니 육아휴직에 도전하려는 아빠들이여, 휴직은 만능 해결책이 아닌 것을 꼭 명심하길 바란다. 단지, 당신이 선택하고 도전할 수 있는 하나의 기회다. 휴직을 선택한 것은 당신이지만, 아이의 기준과 시선으로 육아휴직을 계획하고 실행하라. 누군가에게 보여주고 평가받기 위한 육아가 아님을 명심하라. 온전히 아이에게 집중할 때 오히려 기대 이상으로 육아에 관한 보람과 행복을 느낄 수 있을 것이다.

육아휴직의 최적기는 언제일까?

결론부터 말하자면 일률적인 최적기는 없다. 다만, 육아휴직의 최적기를 선정하는 세 가지 요소인 아이, 부모, 환경을 고려해 각자에게 맞는 시기를 정하는 것이 최선이라고 하겠다.

아이의 성장 단계에 맞춘 휴직 시기 결정

육아휴직을 고려할 때 생각해야 할 것들에 대해 우선 살펴보자. 일단 현행법상으로는 만 8세(초등학교 2학년) 이하의 자녀가 있는 부모는 각각 최대 1년의 유급 육아휴직을 사용할 수 있다. 보통 아이의 정서 안정을 위해 혹은 손이 많이 가는 시기라는 특징을 고려해 출생 후 6개월에서 12개월은 엄마가 먼저 육아휴직을 사용한다. 그리고 나머지 기간은 아이의 초등학교 입학을 기점으로 사용하는 경우가 일반적이다. 아이의 건강상 특별히 이상이 있는 경우를 제외한다면 아빠의 육아휴직 이유는 크게 다음의 두 가지인 경우가 많다.

1. 엄마의 육아휴직 종료 시기에 맞춰 사용
2. 초등학교 입학 시기에 맞춰 사용

'3세 신화'의 근거가 된 '애착이론(Attachment Theory)'을 주창한 영국 정신의학자 존 볼비(John Bowiby)와 같은 권위자들이 추천하는 어린이집 입소 시기는 만 3세라고 한다. 그래서 대부분의 부모들은 이 시기까지는 아이들을 직접 양육하고 싶어 한다. 다만, 경제적인 현실이 부모 모두를 직장으로 밀어내고 있기에 각 가정의 형편에 따라 가정 양육에서 어린이집으로 변경되는 시기가 결정될 수밖에 없다. 만 3세 아이의 기준을 충족하기 위해서는 아빠가 엄마의 육아휴직 종료 시기에 맞춰 휴직을 해야 한다. 물론 보육에 도움을 줄 수 있는 친인척이 있거나 도우미 이모님의 비용을 충분히 감당할 수 있다면 가정 보육의 기간을 연장할 수도 있다. 하지만 요즘은 가정 내에서 아이 돌봄이 가능한 부모들도 자녀의 사회성이나 어린이집 프로그램 혹은 양육 조력자(조부모)의 건강이나 경제 활동 상황에 따라 두 돌을 전후해 등원시키는 경우가 일반적이다.

애착 형성에 관한 부분만 놓고 본다면 엄마와 아빠가 교대로 두 돌 때까지 양육을 맡아주는 것이 여러모로 장점이 많다. 그럼에도 직장이 부모에게 이런 사정을 배려해주는 경우는 드물고 아빠 역시 돌 전후의 아이를 양육한다는 사실에 대한 두려움과 심리적 거부감이 존재하기 때문에 결심이 쉽지 않다. 특히, 평소 육아와 가사에 관심을 가지지 않았거나 참여의 기회가 제한되었던 아빠라면 이 간극을 극복하기란 쉬운 일이 아니다.

다음은 아이의 초등학교 입학 시기에 맞춘 육아휴직이다.

가정에서 돌보다가 어린이집으로 양육 환경이 바뀔 때 아이들이 받는 스트레스도 크지만, 어린이집(혹은 유치원)에서 초등학교로 진학하는 시기의 스트레스에는 비할 바가 못 된다. 초등학교라는 정규 교육 과정의 출발점에 들어섰기 때문에 마주해야 할 변화들이 많다. 일례로 대부분의 학교들이 등·하교 시간의 교통안전을 고려해 도보 통학을 장려하기에 부모의 차로 등·하원하던 시기를 벗어나 홀로 등·하교를 하게 된다. 어린이집이나 유치원보다 규모가 커진 만큼 새롭게 배우고 익혀야 하는 것들도 많다. 관계의 범주와 대상이 확대되고 활동 공간이 확장되는 것뿐만 아니라 어린이집(유치원)과 초등학교의 교육 방법의 차이는 아이들에게 생소함을 넘어 때로는 두렵게 느껴질 수도 있는 변화이기에 부모가 아이를 세심하게 관찰하고 관심을 가져야 할 시기인 것이다. 인생에 있어 첫 단추가 중요하듯 초등학교 1학년은 앞으로 이어질 학교생활의 첫 출발이기에 이러한 시기에 맞춰 육아휴직을 쓰는 경우가 많다.

양육자의 상황에 맞춘 휴직 시기 결정

물론, 이것이 전부는 아니다. 육아휴직은 그 목적 자체에 충실해야 하는 것이 정답이지만, 부가적으로 아빠의 경력 관리와 연계해 사용할 수도 있다. 실제로도 직장인 중 일부가 이직이나 학위 취득 등을 하기 위해 육아휴직을 악용한 한 사례가 언론에 실린 경우도 있다.

하지만 이런 사례는 극히 일부에 지나지 않는다. 그리고 육아휴직을 사용하는 인원이 증가(2017년 기준 1만, 2,043명 통계청 발표)할수록 그에 비례해 늘어날 것이 확실하다. 개인적으로는 제도를 탓하지 말고 육아휴직을 사용해 이직이나 교육을 받을 수밖에 없는 배경에 대해 이해하고 제도를 올바르게 사용할 수 있도록 여건을 만들어주는 것이 옳은 방향이라고 생각한다. 아파트 청약 과정에서 일부 부정 청약이 존재한다고 청약제도 자체를 없앨 수는 없는 것처럼 말이다. 개인도 가족을 위한 이직이나 이민 등의 준비에 기간이 필요하다면 육아휴직이라는 제도를 사용할 수는 있지만 가능하다면 직장 내 동료들이 앞으로 오해받지 않고 육아휴직을 사용할 수 있는 문화가 형성되도록 주의를 하는 것이 바람직하다고 생각한다.

나 역시 육아휴직을 신청할 당시 '공부하러 가느냐?'라는 질문을 받기도 했다. 이처럼 육아휴직을 사용하는 시기는 개인과 각 가정의 형편에 따라 다양해질 수밖에 없다. 아이들의 취학 시기에 맞춰 사용할 수도 있고 심지어 무주택 가정의 내 집 마련 차원에서 주택청약을 위해 휴직의 시기를 맞출 수도 있다.

> 정부는 신혼부부만을 위한 '신혼희망타운'이라는 별도의 주택을 2018년 기준 앞으로 5년 동안 총 7만 가구를 공급할 예정이다. (중략) 하지만 소득기준이 까다로워서 '전년도 도시근로자 월평균 소득 100퍼센트(맞벌이는 120퍼센트) 이하'를 적용한다. 3인 가구 이하 맞벌이의 경우 세전 월 586만 원으로 연소득 약 7,000만 원이 상한선이다. 소득 기준을 맞추지 못하는 경우 유아휴직 기간을 활용해 청약 시기를 조절하는 것도 고려해 볼 만하다.
>
> – '당첨 좌우하는 청약가점제, 무주책 기간만 30세부터 산정,' 「중앙일보」, 2018. 3. 27.

육아휴직을 먼저 사용한 경험자로서 조언한다면 이왕 육아휴직 사용을 고심하고 있다면 자녀의 상황(심리 및 건강 상태, 취학 시기 등), 경제적 요인(여유 자금이나 내 집 마련 등), 환경적 요인(양육자의 이사, 학업, 이직 등) 등 여러 가지 요소를 종합적으로 고려해 육아휴직 시기를 결정하라는 것이다. 육아휴직은 가족 전체에 영향을 미치는 요인이기에 하나만을 보고 결정하기보다는 고려할 요인들이 많다. 그리고 육아휴직을 시작하면서 이러한 요소들을 고려해 목표를 설정할 때, 더욱 성공적이고 후회 없는 기간으로 만들어 갈 수 있을 것이다.

3장

"아빠의 육아휴직, 1년 전부터 준비하라"

육아휴직에 대처하는 직장인의 자세: 개선장군이 되려면

아빠 육아휴직을 위해서는 용기가 필요하다

육아휴직을 마음먹는다는 것이 말처럼 쉬운 일은 아니다. 모든 아빠가 한 번쯤 생각하지만, 행동으로 옮기기에는 우리 사회나 조직의 포용력이 아직은 부족하다. 나 역시 처음부터 육아휴직을 염두에 두었던 것은 아니다. 5년 동안 다른 대안을 고민하고 실행했지만 뜻대로 되지 않았고, 그러던 중 우연히 아내의 응원으로 육아휴직에 도전하게 되었다.

육아휴직을 사용했거나 사용한 사람들의 경험을 들어보면 한결같다. 남자가 육아휴직을 사용한다는 것에 대해 주변의 이해를 구하기가 쉽지 않고 심지어 색안경을 끼고 바라보기 때문이다. 나 역시 육아휴직에 관한 이야기를 꺼냈을 때, 공부하러 갈 것이냐는 질문부터 받았다. 여성의 육아휴직은 육아를 위한 것이지만 남성의 육아휴직은 육아 이외의 목적을 가지고 있을 것이라는 불순한 생각이 여전히 지배적이다.

직장에서 육아휴직 성공적으로 사용하는 방법

직장 내에서 성공적인 육아휴직을 사용하려면 어떻게 해야 하는 것일까? 먼저 오해의 여지를 남길 수 있는 시도는 삼가야 한다. 긴 시간의 숙고 끝에 결심을 내려야 하는 육아휴직이기에 그 결심의 순간부터 주변 동료들에게 신중한 언행을 보여야 한다. '에이~ 힘든데 어디 좋은 자리 없나?' 등의 이직을 암시하는 말이나, '이번에 승진 점수 채우려면 대학원이라도 등록해야 하는데' 등의 학위 과정을 뜻하는 말 등, 입과 입을 거쳐 소문으로 돌아올 수 있는 불필요한 말은 조심하는 것이 좋다.

그리고 평소보다 더 열심히 현업에 충실해야 한다. 육아휴직을 앞두고 아내와 단계적으로 주 양육자의 역할 교대를 하기 위해 가정에 쏟아야 할 시간과 에너지가 많아지겠지만, 이전보다 업무에 더 집중하고 가능하다면 더 높은 성과를 올리기 위해 노력해야 한다. 부족한 실적과 직장에 대한 불만을 남겨두고 육아휴직에 임한다면 그 불씨는 이직이라는 소문으로 번져서 돌아올 것이 자명하기 때문이다.

나 역시 육아휴직이라는 선택지를 꺼내기 전 업무에 전념하는 기간을 가지려고 노력했다. 주말부부의 고리를 끊기 위해 여러 방면으로 노력해 오던 내가 업무에 집중하자 선배들은 무모하다고 평가받았던 나의 과거 시도들이 더 이상 반복되지 않을 것으로 판단했던 것 같다. 부대 검열 관련 부서장으로 있으면서 부대 우수 및 개인표창도 받았고, 새로운 부서(대대)를 만들고 안정화하는데도 기여하는 등 주어진 일에는 최선을 다하려고 노력했고 어느 정도 성과도 이루어낼 수 있었다. 그랬기에 과정 중간 중간 때때로 밀려드는 가족에 대한 그리움으로 인한 슬럼프나 우울증 증세에도 불구하고 상사가 믿고 기다려줄 수 있는 신뢰를 쌓았던 것이다.

육아휴직 전 업무에 성과를 보여주는 것이 단순히 육아휴직의 처리 과정이 원만히 진행되도록 돕는 데 그치는 것이 아니다. 조직은 성과를 낸 구성원에 대해 기대를 하게 되기 때문이다. 기대감을 받는다는 것은 나의 가치를 증명했다는 것 이외에도 휴직 후 복귀했을 때 온전한 나의 자리를 지키는 길이기도 하다. 연구 개발 부서에 근무하던 사람이 육아휴직 후 복귀를 했더니 영업 부서로 발령을 받는 바람에 반강제적으로 퇴사할 수밖에 없었다는 사례가 내 얘기가 되지 말라는 법이 없기 때문이다. 하지만 이미 성과를 통해 자신의 존재 가치를 입증한 사람을 대하는 조직의 태도는 다를 수밖에 없다. 일부의 시기와 음해가 있다 하더라도 경력을 통해 남겨 놓은 객관적인 데이터와 직장 내 든든한 아군이 존재하는 한 돌아갈 자리는 굳건하게 남아 있을 것이다.

육아휴직을 위해 나를 적극적으로 알리고, 내 편을 만들어라

육아휴직을 쓰는 과정에 있어서도 적극적인 홍보가 필요하다. 자신의 사정을 스스로 설명하지 않으면 그 누구도 궁금해하거나 물어보지 않는다. 그냥 소문을 바탕으로 상상하고 멋대로 추측할 뿐이다. 그러니 때로는 과장을 해서라도 자신이 육아휴직을 할 수밖에 없는 상황에 대해 가능하면 많은 사람에게 알리는 것이 좋다. 나 역시 세 아이를 양육하면서 이미 아내가 3년의 육아휴직을 사용해 퇴사 외에는 다른 선택을 할 수 없는 상황이었다. 양가의 부모님 또한 건강과 경제 활동의 문제로 육아를 도와줄 수 있는 형편이 아니었다. 게다가 첫째는 초등학교 입학을 눈앞에 두고 있었고, 셋째는 갓 돌을 넘긴 시기라 타인의 손을 빌릴 수 있는 여건도 되지 않았다. 무엇보다 아이 한 명이 있는 집도 도우미 이모님을 구하기 힘든데, 아이가 자그마치 세 명이나 되는 집에 선뜻 출근하려는 이모님도 없었다. 이 모든 조건을 고려한 결과 아빠의 육아휴직밖에 다른 대안은 없었다. 그럼에도 나 역시 앞서 얘기했듯이 육아휴직을 사용하겠다고 했을 때 공부하러 가느냐는 질문을 받았다. 이런 상황이니 가능하다면 모든 조직원 특히, 이해관계에 얽혀 있는 사람들에게는 반드시 육아휴직의 배경에 대해 적극적으로 알릴 필요가 있다.

육아휴직 중 나의 존재감을 위해 노력하라

육아휴직 중이라도 자신의 존재감을 상실하지 않기 위한 꾸준한 노력이 필요하다. SNS 등으로 관계가 유지되고 있는 동료들이 있다면 육아의 어려움과 일상에 대해 꾸준히 올려서 알릴 필요가 있다. 아직도 육아휴직을 휴가로 착각하는 사람들이 어디에나 존재하기 마련이다. 연봉을 포기하고 최대 월 100만 원(그마저도 75만 원만 즉시 지급)인 육아휴직수당에 의지해 육아와 가사에 매진하고 있는 당신의 노력을 업무에서 해방되어 꿀이나 빨고 있는 기회주의자로 매도할 잠재적인 적은 어디에든 있을 수 있다. 당신이 스스로 자신을 알리고 보호하지 않으면 그 누구도 나서주지 않는다. 현재 조직에 함께 몸담고 있는 사람도 아닌 당신을 무슨 이해관계로 옹호하겠는가?

온라인을 통한 관계 유지뿐만 아니라 여건이 된다면 최소 분기에 한 번 정도는 부서 회식에 참석하는 것이 좋다. 부서 내 굵직한 업무들이나 프로젝트들의 진행 상황도 간접적으로 파악할 수 있어 복직 후 빠른 적응에도 도움이 되고, 여전히 나는 회사 일에 관심이 많으며 언제든 육아에서 해방되기만 하면 예전의 성실하고 충직한 부서원으로 돌아갈 사람이라는 확신을 심어줄 수 있기 때문이다.

특히, 부서 내 나의 도움이나 조언을 필요로 하는 사람이 있다면 그를 적극적으로 내 편으로 만들 필요가 있다. 업무 관련 노하우나 조언을 전해주며 신뢰 관계를 쌓아놓는다면 그는 복직 후에도 나의 편이 되어줄 가능성이 높기 때문이다.

이순신 장군은 백의종군해서도 전투에서 승리할 수 있었다. 그것은 뛰어난 작전 수립 능력과 용병술에 기인한 것이기도 하겠지만, 평소 꾸준히 시스템을 구축하고 사람을 키워온 덕이기도 하다. 자신의 부재로 상당한 전력이 손실되었음에도 여전히 자신과 호흡을 맞춰온 참모들과 자신을 흠모하고 존경하는 병사들이 존재했기에 불리한 여건을 극복하고 승리를 쟁취할 수 있었던 원동력이 되었다고 생각한다.

당신은 육아휴직이 끝난 다음 패잔병처럼 조직의 눈치만 보면서 처분만 기다릴 것인지 아니면 당당하게 스스로 원하는 자리를 찾아 백의종군해 돌아가는 개선장군이 될 것인지 결정해야 한다.

결과는 당신이 육아휴직을 어떻게 준비하고 보냈는가가 판가름내줄 것이다.

"육아휴직 하겠습니다!": 휴직계 현명하게 내는 법

직장에서 육아휴직을 언급하는 것이 쉬운 일은 아니다. 일부 직장은 육아휴직이라는 단어가 금기시되기까지 한다. 뿐만 아니라 자신의 이직이나 교육의 목적으로 육아휴직을 악용한 일부 사례들로 오해를 받기 십상이다. 그런 탓에 육아휴직이라는 말만 나오면 주변 모든 사람이 적대적으로 변한다. 상사는 상사대로 인력 충원 문제라든가 현행 업무의 연속성에 대해, 동료들은 휴직자의 업무까지 분담해야 하는 것은 아닐까 하는 걱정들을 하기에 호의적인 지원군을 찾기가 어렵다. 그럼에도 육아휴직을 고심할 수밖에 없는 상황에 처해 있다면 혹은 예상된다면 현명하게 육아휴직을 신청하는 것만이 유일한 대안이다.

현명하게 육아휴직 신청하는 법

현명하게 육아휴직을 신청하는 방법은 무엇일까? 휴직 신청이야 절차대로 이루어지는 만큼 특별히 신경을 쓸 부분은 없다. 문제는 회사(조직)의 분위기다. 즉, 육아휴직을 사용하는데 우호적인 분위기가 사전에 조성될 수 있도록 미리미리 준비하는 지혜가 필요한 것이다. 육아휴직은 기본적으로 가족의 요구에 맞춰 사용하는 것이 정답이다. 하지만 정답만으로 세상을 살아가기 힘들다는 것을 이미 짧지 않은 직장 생활을 통해 체득했을 것이다. 원칙으로 보면 집안의 사정을 고려하고 아이들의 상황을 고려해야 하지만, 하나의 기업체라는 조직에 소속된 일원이라는 책임감을 강조하는 회사에 나의 사정을 일방적으로 요구할 수 없기에 회사의 상황을 감안해야 한다. 지금부터 당신이 현명하게 육아휴직을 신청할 수 있는 방법을 알려주겠다.

① 다른 직원에게 피해가 가지 않도록 휴직 시기를 조정해라

회사의 업무 특성에 따라 육아휴직을 고려해야 할 시기는 달라질 수 있다. 자신이 혹은 자신의 부서가 담당하고 있는 중기 혹은 장기 프로젝트가 있다면 그 종료 시기에 맞추는 것이 좋다. 기간의 여유가 있다면 프로젝트의 지연까지도 염두에 두는 것이 좋다. 예상했던 시기보다 지연되는 상황에서 불가피하게 육아휴직을 신청할 경우, 그간의 수고는 모두 물거품이 되고 순식간에 배신자로 낙인찍히는 불상사를 여러 번 보아왔기 때문이다.

자신의 업무가 연속적인 경우에는 특별히 업무의 부담이 경감되는 시기가 있을 것이다. 통상적으로는 연초와 연말이 바쁜 경우가 많으므로 여름 휴가 전후의 시기에 자연스럽게 휴직을 신청하는 것도 일종의 요령이라고 할 수 있다. 업무가 과중한 시기에 육아휴직을 신청한다는 것은 자칫 동료들에게 일종의 배신감이나 부정적 인식을 남길 수 있는 가능성이 크기 때문이다. 나 역시 새로운 부서(대대)를 만드는 프로젝트가 종료되고 부서의 운영이 안정화된 시기에 육아휴직을 신청했다. 물론 그런 시기를 택했음에도 일부의 부정적인 반응은 피할 수가 없었다. 조직 생활을 하는 사람들에게 강조되는 진리, '절대로 적을 만들지 마라'는 명언을 실천하기 위해 노력하는 것이 바람직하지만 노력해도 어쩔 수 없는 부분은 마음에 담아두지 말자.

② 육아휴직 전 업무 성과를 내라

육아휴직을 신청하기 전 전략적으로 성과를 내자. 업무의 성과는 여러 가지가 있을 수 있겠지만, 핵심은 업무적으로 상사와 동료의 신망을 얻는 것이다. 이것은 그들에게 심리적인 빚을 안기는 결과를 불러오기에 육아휴직이라는 나의 요구를 선뜻 거절하거나 대놓고 부정할 가능성을 줄여준다. 게다가 궁극적으로는 복직에 유리한 환경을 제공하기도 한다. 생각해보라. 함께 근무하던 동안 월등한 실적을 보인 부하 직원이 육아휴직을 나갔다고 하자. 육아휴직을 사용했다는 점이 다소 미운 구석이겠지만, 그 직원이 보여준 실적이 부서와 상사에게 힘이 될 수 있는 인재라는 생각이 든다면 함께하고 싶지 않을까? 게다가 육아휴직까지 하고 돌아왔으니 이전보다 더 열심히 할 것이라는 기대감까지 가지게 될 테니 말이다. 설사, 육아휴직 기간 혹은 복직 이후에 불가피하게 이직을 해야 하는 경우에도 어차피 이전 직장에서의 평가와 평판은 따라올 수밖에 없기에 항상 유의해야 할 요소가 바로 이 성과라고 할 수 있다.

③ 직장 동료들의 공감을 이끌어 내라

상사는 한 사람(혹은 소수)이지만, 동료나 후배는 그 숫자가 월등히 많다. 그리고 사내 여론이라는 것은 직위보다 얼마나 많은 사람의 입에 오르내리느냐의 영향을 받기 마련이다. 그러니 평소에 혹은 육아휴직을 마음속에 품은 그날부터는 동료들의 공감을 이끌어 내는 것이 중요하다. 사실 대부분의 직장 동료들은 같은 마음을 가지고 있을 것이다. 누구나 여건이 된다면 육아휴직을 사용하기를 원한다. 다만, 현실이라는 장벽을 핑계로 선뜻 나서지 못할 뿐이다. 나도 부대 내 최초의 남성 육아휴직 조종사가 되면서 '가시밭길을 가게 될 것'이라는 우려 섞인 조언도 들었지만, 육아휴직에 관심을 가지고 물어오는 동료들도 많았다. 그러니 그 마음의 공감대를 이끌어 내는 노력이 필요하다. 현실적으로 육아휴직을 사용하는 동료가 생기면 남은 사람들의 업무가 다소 늘어날 수 있는 부분은 존재한다. 하지만 누구나 육아휴직을 사용할 수 있다면 누구도 불만을 가지지는 않을 것이다.

여성 육아휴직이 도입되었을 초기만 해도 여성 부서원을 기피하거나 여직원 사이에서도 육아휴직을 사용하는 사람에 대한 부정적인 시선이 많았다. 하지만 지금은 누구도 특별히 의식하지 않는다. 여직원이라면 누구든 사용할 수 있는 당연한 권리라는 인식이 널리 퍼진 이유다. 보수적인 조직이라는 군대도 마찬가지다. 불과 20년 전만 하더라도 출산휴가조차 마음대로 쓰기 어려웠다. '와이프가 애 낳지 네가 애 낳느냐? 스케줄대로 비행이나 근무 다 마치고 나가!'라는 분위기에 아내의 출산을 함께하지 못한 경우도 있었다. 하지만 지금은 출산예정일이 나오면 그 시기를 고려해 비행이나 근무를 조정해주는 것이 일반화되었고 심지어 출산휴가를 전후해 휴가를 이어서 사용할 수도 있게 됐다.

지금 당신은 육아휴직이라는 신세계에 발을 딛는 것이 불안한가? 당신이 불안해하는 육아휴직이 10년 뒤에는 누구나 사용하는 제도가 될 수도 있다. 현 정부의 저출산과 관련한 상황 인식과 대책을 바라본다면 그 시기는 더 빨라질 수도 있다. 자녀가 성장한 다음 아빠와 함께한 추억이 없음을 슬퍼하고 아빠와 육아휴직을 함께 보낸 친구들과 비교하게 될 때 당신은 뭐라고 대답할 것인가? '아빠가 그렇게 열심히 일했기에 네가 먹고 자고 학교 다닐 수 있었다'는 우리 부모 세대의 대답은 더 이상 지금의 아이들에게 유효하지 않다. 이제는 누구나 삶의 질을 꿈꾸는 '워라밸(work-life balance)'의 시대를 살아가고 있기 때문이다.

육아휴직을 인생의 터닝포인트로

육아휴직, 충분한 계획과 준비가 필요하다

육아휴직의 첫 번째 목적은 육아 그 자체다. 하지만 육아에만 전념하겠다는 각오로 시작한다면 얼마 지나지 않아 지칠 수밖에 없다. 육아는 정중동(靜中動)과 같아 반복되는 일상 속에서 조금씩 변화가 일어나므로 인내심과 끈기가 필수다. 아빠의 인내심은 태생적 혹은 성향에 따라 차이가 있지만, 대부분 부족한 경우가 많다. 부족한 인내심을 보완하고 반복되는 일상에 활력을 주기 위해서는 충분한 사전 계획과 준비가 필요하기 마련이다. 그럼, 어떤 계획과 준비가 필요한지 살펴보자.

① 육아휴직의 목적을 세워라

일단 육아휴직의 세부 목적을 수립해야 한다. 아이의 성장 과정에 적극적으로 참여하겠다는 각오로 학업과 특별 활동 및 여행 등을 포함한 양육의 목적을 수립할 것인지, 어린이집 하원이나 초등학교에서 돌아온 이후의 시간 동안 먹이고 씻기고 재우는 보육의 목적을 수립할 것인지는 전적으로 아빠의 의지에 달린 일이다. 어느 것이 좋고 나쁘다는 판단은 보류하자. 육아는 비교의 과정이 아니기에 가정의 상황과 아빠의 기질을 고려해야 한다. 심지어 그렇게 세운 계획마저도 현실에서는 이루기 힘든 부분도 있다. 나도 육아휴직을 처음 계획하던 당시만 하더라도 많은 목표를 세웠다. 1년이라는 기간 동안 아이와 매일 영어 공부를 1시간씩 하겠다는 의지를 불태우며 미국영어교과서와 각종 자료를 모으기도 했다. 하지만 현실은 달랐다. 이제 막 한글을 깨치고 책 읽기에 빠진 아이에게 낯선 글자와 소리를 들려주고 보여주어도 이내 흥미를 잃어버리기 일쑤였다. 매일 규칙적으로 이루어지지 않고 단발적인 이벤트로 끝나다 보니 원래의 목적은 조금도 달성할 수가 없었다. 세밀한 계획을 세우지 못한 탓인지 아니면 꾸준함이 부족했던 것인지 혹은 너무 이른 시도였는지는 알 수 없지만, 계획은 그런 것이다. 언제든 변수가 생기고 기대했던 것과는 다른 조건 때문에 다른 결과를 가져올 수밖에 없는 것. 그래서 육아휴직은 세밀한 계획을 바탕으로 시작하되 계획으로 인해 스트레스를 받지 않도록 약간은 무던해질 필요도 있다. 스트레스는 육아의 가장 큰 적이기 때문이다.

② 가족 관계를 정립할 수 있는 계획을 세워라

양육에 관한 목표가 수립되었다면, 다음은 가족과의 계획이다. 1년의 휴직 기간 동안 원 없이 여행을 다니고 싶다면 그것도 방법일 수 있겠지만, 조금 더 거시적인 시각에서 가족 관계를 정립하는 기간으로 보냈으면 한다. 여행이 아빠와 아이 사이에 좋은 경험과 소통의 매개체 역할을 해줄 수는 있겠지만, 단발성의 이벤트에 지나지 않기 때문이다. 아이와 지속가능한 육아를 실천해야 하는 대부분의 부모에게 여행은 소망이지 현실은 아니다. 장기간의 여행 동안 부모나 아이의 생활 리듬은 바뀌기 마련이고 여러 사례를 보아도 아이가 미취학 시기일 때의 여행에 대한 기억은 오래가지 않는 경우가 많다. 물론 정서적인 측면이나 무의식까지 거론한다면 이야기는 달라질 수 있겠지만 현실의 육아에 충실하기에도 버거운데 이상까지 쫓기에는 우리의 상황이 여유롭지 않다. 요즘 SNS에 일상을 올리고 아이들의 예쁜 모습을 담기 위해 자주 가족 여행을 계획하고 다니는 부모들도 많다. 여행을 통해 얻는 것이 많고 부모도 행복할 수 있다면 추천하겠지만, 혹여 여행의 동기가 주변 비교 대상에 대한 경쟁심이나 보여주기식이 아닌지 냉정하게 돌이켜볼 필요가 있다.

여행을 계획하는 단계부터 살펴보자. 국내여행이라면 그나마 상황이 낫겠지만 해외여행을 가려면 일단 항공권과 숙소를 잡는데 적잖은 에너지가 소모된다. 여행사나 비교 사이트를 통해 예약하면 된다고는 하지만, 대부분의 사람들이 남들보다 조금이라도 싸게 다녀와야 만족감을 느끼다 보니 쉴 새 없이 검색을 하게 되고, 동반 취침이나 여분의 침대(엑스트라 베드)를 고려해야 하는 등 신경 쓸 것이 한두 가지가 아니다. 여행을 위해 짐을 싸는 일, 장시간의 이동으로 인한 아이의 컨디션 문제, 이왕 어렵게 여행을 왔으니 많은 추억을 남기고자 하는 부모의 욕심과 행동력은 아이를 지치게 한다. 우리의 여행 문화가 한 곳에 오랫동안 머무르며 휴식과 현지 관광에 방점을 찍는 것이 아니라 주어진 시간 안에 효율적인 동선으로 최대의 성과를 내는데 초점이 맞춰져 있다 보니 부모도 아이도 여행인지 고행인지 헷갈리게 되는 상황에 빠진다. 여행을 다녀와서는 여행 후유증에 가방에서 쏟아져 나오는 밀린 빨래를 해결하는 것도 숙제가 된다.

그렇다고 여행 자체를 부정적으로 생각하지는 않는다. 다만 명확한 목적과 동기를 가지고 가는 여행이 아니라 단지, 시간이 아까워서 혹은 남들이 하는 대로 맹목적으로 추종하는 여행이

▲ 지자체 무료 물놀이장

▲ 지자체 무료 썰매장

라면 한 번 더 생각해보자는 것이다. 차라리 집 앞 공원에 간식을 싸들고 나가서 아이들과 놀아주자. 요즘은 지자체에서 무료 수영장이나 썰매장 등 즐길 거리를 많이 제공해주고 있으며, 일부 공원들은 훌륭한 휴식 여건과 놀이터를 갖추고 있는 경우도 많다. 특히, 도서관이나 문화센터는 조금만 관심을 가지고 살펴본다면 만족도가 높은 기회를 제공하기도 한다. 그러니 남들이 하는 육아와 비교하지 말고 나만의 육아 철학을 세우는 시간을 육아휴직이라는 기간을 통해 가져보기를 권한다.

보여주기 위한 삶이나 남들과 같은 인생을 살고자 하는 사람이라면 육아휴직을 고민하지도 않을 것이다. 그러니 당신은 이미 특별한 사람이고, 특별한 사람이 보낼 법한 자신만의 계획을 세워 보는 것이 어떨까 한다. 자신만의 계획에는 오롯이 나만을 위한 계획도 포함된다.

③ 육아휴직, 또 다른 나를 위한 시간으로 만들어라

우리는 '자아(자의식)'라는 표현을 자주 사용한다. 세상의 모든 대상을 인식할 때 나를 중심으로 볼 수밖에 없기 때문이다. 그래서 내가 행복하면 남들도 행복하게 보이고, 내가 발전하면 사회도 발전하고 있다고 믿는다. 육아휴직은 내가 발전하는 기간일까 아니면 퇴보하는 기간일까? 쉽게 답할 수 있는 문제는 아니다. 하지만 분명한 것은 항상 외형적인 성장이 발전의 전부는 아니라는 것이다. 그간 직장인으로 고군분투하며 지내왔다면 그에 맞는 실적이나 평판도 쌓았을 것이다. 하지만 그 이면에는 소외된 가족이 분명 존재할 것이다. 일과 가정의 균형을 맞추는 것이 쉽지 않은 일이고 실수 없이 한 번에 해낼 수 있는 단순한 것도 아니기 때문이다.

그렇다면 지금까지 나를 정의해 왔던 직함과 직위를 내려놓고 온전히 자신에게 집중할 시간이 필요하다. 당신이 누리고 있는 그 직함과 직위가 언제까지 함께할 것 같은가? 고임금 계약직이라 불리는 임원이 되든, 명예퇴직을 하든, 현재 영위하고 있는 직장 생활에는 반드시 그 끝이 있다. 게다가 대부분 자신의 적성과는 무관하게 현재의 직업을 선택했을 것이다. 우리가 교육을 받던 시기에 적성이라는 것이 의미가 있었던가? 그저 수능 성적에 맞춰 선생님과 부모님의 조언에 따라 선택한 대학과 전공에 맞춰 살아왔고 그렇게 선택한 인생의 진로에 따라 자연스럽게 직장과 사회생활을 하는 것이 일반적이었기 때문이다.

이제는 스스로 되돌아봐도 좋다. 그간 현업에 밀려 시작하지 못했던 취미생활도 좋고, 꼭 따면 좋겠다고 생각했던 자격증도 좋다. 아니면 노후를 대비해 시작하려고 마음먹었던 일을 잠시 경험하는 것도 도움이 될 것 같다. 육아휴직을 통해 내가 배운 것은 겸손이다. 나는 공군 조종사로, 소령이라는 계급으로 지내면서 대우와 대접에 익숙해져 있었지만, 냉엄한 사회 속에서 마주한 것은 '나는 아무도 아니다'라는 사실이었다. 직업과 직급을 내려놓는 순간, 나는 그저 동네 아저씨나 누구의 아빠였다. 그래서 육아휴직 동안 나의 내면에 더 집중할 수 있는 계기가 되었다. 1년이라는 기간이 결코 길지는 않지만, 많은 것을 도전하기에는 충분한 시간이다.

그래서 하고 싶었던 것들에 도전했다. 도서관을 다니며 읽고 싶었던 책을 읽고 미래에 대해 진지하게 고민할 수 있는 계기를 만들었다. 평소 배우고 싶었던 목공예를 위해 가까운 공방을 찾아가 등록하기도 했다. 과거에 잠시 공부했던 법원 경매에 본격적으로 도전하기도 했고, 그 과정에서 아내의 자동차를 경매로 낙찰받아 바꿔주기도 했다. 관심 있는 지역의 부동산중개소를 열심히 찾아가 시장을 읽는 혜안을 기르고 다양한 간접 경험을 했다. 이러한 것들은 할 수 있는 일들의 일부에 지나지 않는다. 그리고 이런 활동을 통해 지치지 않고 끊임없이 자신을 재충전하며 육아에 전념할 수 있었다. 그러니 당신도 '언젠가 배워야지' 하며 미루어 왔던 그것을 육아휴직을 계기로 시작해보라. 직장과 업무에만 몰입한 탓에 식은 줄만 알았던 열정이 어느새 마음속 깊은 곳으로부터 타오르는 것을 느낄 수 있을 것이다. 누가 시켜서 하는 것이 아니라 자신의 의지와 목표 의식으로 행하는 일이기에 가능하다. 이러한 도전은 에너지를 빼앗기보다는 오히려 충전해주는 역할을 한다.

그러니 자신 있게 추천한다. 10년 이상의 직장 생활과 업무에 권태와 회의가 느껴지는 시기라면, 또 아이의 양육에서 당신의 도움이 필요한 시기라면 지난 시간을 되돌아보고 앞날을 설계할 수 있는 여유와 꺼진 마음속 열정을 다시금 불태울 수 있는 기회를 잡을 수 있는 육아휴직에 도전해보라. 그리고 진정으로 자신과 가족이 원하는 계획들로 그 기간을 후회 없이 보내보기를 바란다.

소득이 반 토막 나는 1년을 대비하라

육아휴직을 위한 경제적 대비 수단

육아휴직을 망설이는 이유 중에 경제적인 경우가 많다. 그만큼 우리나라는 아직까지도 육아휴직수당이 현실화되지 못한 부분이 있다. 최대 상한선이 월 100만 원으로(두 번째 육아휴직 첫 석 달은 최대 200만 원) 제한되어 평소 급여의 70~80퍼센트를 지급하는 북유럽의 육아휴직 수당과는 괴리가 큰 편이다. 게다가 육아휴직 수당 자체가 근로자가 평소에 낸 고용보험에서 지급되는 것이어서 정부의 지원이라고 보기도 힘든 부분이 있다. 최근 이러한 점에 대해 개선의 목소리가 조금씩 높아지고 정책에도 일부 반영이 되고 있다고 한다.

그렇지만 경제적인 부분에 있어 손해가 다소 있다고 해서 육아휴직을 포기하기에는 인생에서 놓치는 부분이 너무 크다고 생각한다. 모든 선택은 양면성을 지니고 있다. 육아휴직이라는 선택 역시 경제적인 부분에 있어 단점이 존재하기에 여기에 대한 대비가 중요하다. 나는 육아휴직과 무관하게 준비한 여러 경제적 대비 수단들이 육아휴직과 맞물려 큰 어려움을 겪지 않을 수 있었다. 그중 몇 가지를 소개한다.

① 통장을 쪼개라

재무설계나 재테크에 관심이 있다면 대부분 실천하고 있는 방법이다. 급여, 정기지출, 투자, 예비비 등 목적에 맞는 통장을 개설하고 급여를 각 항목별로 바로 이체해 불필요한 소비를 줄이고 자금에 태그(Tag), 즉 꼬리표를 붙이는 것이다. 이런 방법은 육아휴직을 준비하는 과정이 아니어도 일상에서 유용하게 사용할 수 있다. 나는 특히 경조사와 차량 관리 통장을 따로 관리해 평소 부담을 줄일 수 있었다.

방법은 간단하다. 연간 지출되는 경조사비의 평균을 나누어 매달 적립하는 것이다. 경조사의 특성상 봄과 가을에 지출이 많이 늘어나다 보니 이렇게 모아둔 돈이 요긴하게 쓰인다. 돈이 사람 구실을 한다는 말처럼 육아휴직 기간 중이라고 해서 경조사를 외면할 수도 없는 노릇이기에 미리 대비하지 않으면 가계에 부담이 된다. 우리는 주말부부 생활을 하고 있어서 자동차도 두 대를 유지할 수밖에 없었는데, 매년 돌아오는 보험갱신 및 비정기적인 수리비 지출에 상당한 비용이 든다. 그런데 평소에 적립해둔 차량 통장 덕분에 부담을 크게 줄일 수 있었다.

이렇게 기본적인 생활비의 지출 외에 비정기적인 지출을 평소에 적립해 대비하면 육아휴직 기간 중 경제적인 부담을 크게 줄일 수 있다. 꼭 육아휴직이 아니더라도 이러한 방법으로 평소 일관성 있게 유지한다면 가계에 여러모로 도움이 된다. 나는 육아휴직 전, 2년 정도 이런 시스템을 유지한 덕분에 휴직을 시작할 때는 각 계좌별로 200~300만 원의 예비비를 미리 만들어둘 수 있었다.

② 각종 납부와 납입에 대한 중단 제도를 활용해라

요즘 실질 세율의 인상 및 비과세 항목의 축소로 연말정산을 대비해 연금상품 등에 가입하는 직장인들이 많다. 하지만 육아휴직 기간에는 비과세 처리되는 육아휴직 수당밖에는 없기 때문에 무리해 연말정산용 상품에 납입할 유인요인이 없다. 따라서 기존에 유지하고 있던 상품 중 연금상품 등은 납입을 중단하는 것이 좋다. 이외에도 나에게는 군인연금의 납입금에 해당하는 기여금이라는 납부 항목이 있는데, 이를 복직 이후로 유예해 육아휴직 기간 중 부담을 줄일 수 있었다. 뿐만 아니라 육아휴직이 어느 정도 예상된다면 적금의 가입 기간도 사전에 육아휴직 예상 기간을 피해 설정하는 지혜가 필요하다.

추가로, 우리 부부는 양가에 매달 일정한 금액을 보내드린다. 다행히 사전에 예비비를 준비한 덕분에 육아휴직 기간에도 기존 금액을 지속적으로 보내드릴 수 있었다. 반면, 경제적으로 여유가 없는 가정이라면 휴직 기간임을 사전에 설명하고 송금액수를 줄이거나 잠시 중단하는 등의 양해를 구한다면 부담을 줄일 수 있는 방법이 될 것 같다.

③ 예비자금을 운영해라

예비자금 역시 주식 등, 즉시 현금화하기 어려운 금융 상품에 투자하기보다는 CMA 등의 인출 가능한 상품을 이용하는 것이 바람직하다. 적절한 예비자금은 평소 가계지출자금을 고려해 산정해야 한다. 가계에 따라 다르지만, 월 생활비의 3~6배 정도 규모면 갑작스러운 해외여행 등의 지출이 큰 행사를 제외하고는 충분히 감당할 수 있는 수준일 것이다. 여기에 마이너스 통장도 개설해 불가피한 상황을 추가로 대비한다면 육아휴직 기간에도 안정적인 가계 운영이 가능할 것이다. 내 경우에는 육아휴직 이후를 대비해 아내의 직장 근처로 주거를 옮기는 과정에 있어 예비 자금의 도움을 크게 받았다.

육아휴직 기간은 가계 소득이 절반 가까이 줄어들기에 이렇게 사전에 가계 재정을 건전화시키지 않으면 자칫 고통스러운 시간을 보낼 수도 있으며, 휴직 기간을 통해 아이들과 누리려 했던 각종 여행이나 프로그램 참여, 자기계발 계획에도 차질을 가져올 수밖에 없다.

수입이 줄어드는 것은 분명 가계의 위기가 될 수 있으나, 위기 속에 기회가 있다는 말처럼 기회로 삼을 수 있을 것이다. 우리 부부는 몇 해 전 아내의 육아휴직 기간에 소득공제장기펀드에 가입했다. 지금은 판매가 중단되었지만, 그 펀드는 2년 만에 20퍼센트의 수익률을 보여 우리에게 효자 상품이 되었다.

가계에도 간헐적 단식 처방이 필요하다

건강관리와 다이어트를 위해 간헐적 단식을 하는 사람들이 많다. 간헐적 단식의 효과는 우리 몸이 정기적으로 단식 상태에 적응하도록 해 불필요한 지방을 연소하고 신진대사를 원활히 해주는 것이라고 한다. 우리의 가계도 이와 같은 간헐적 단식이 필요하다. 육아휴직 전 막연히 가졌던 경제적 불안감은 막상 휴직 기간을 통해 기우였음이 밝혀졌다. 수입 감소로 인한 어려움이 없었던 것은 아니지만, 생활을 이어나갈 수 없거나 문화생활을 할 수 없을 정도로 궁핍했던 것도 아니다. 결국 육아휴직 기간 동안의 가계 운영을 통해 설사 외벌이 가정이 된다 하더라도 충분히 살아갈 수 있다는 자신감을 얻을 수 있었다.

이렇게 상황에 맞게 최적화된 가계 구조를 복직 이후에도 지속할 생각이다. 맞벌이라는 허울 좋은 명분 때문에 자칫 방만하게 운영되기 쉬운 만큼, 휴직 기간을 통해 최적화된 가계 구조를 지속하는 것이 고생해 맞벌이하는 보람도 되고, 그렇게 모은 쌈짓돈들이 미래에 커다란 결실을 가져올 것이라 믿기 때문이다. 사전 준비의 중요성은 비단 금전적인 부분에만 한정되는 것이 아니다. 어떻게 보면 돈보다 중요한 것이 시간이기 때문이다.

주 양육자 선수 교체, 아빠의 전담 육아를 위한 준비 운동

엄마와 아빠의 역할은 공존해야 한다

아직까지 육아는 엄마의 전유물로 여겨지고 있고, 대부분의 가정에서도 엄마가 육아를 책임지고 있다. 물론 가정에 따라, 아빠의 성향에 따라 참여의 정도가 달라지기는 하지만 일반적으로 아이들은 엄마를 더 찾고 따른다. 주말부부였던 우리 역시 가족 내에서의 역할이 극명하게 나뉘어 있었다. 아이들과 주중을 함께 보내는 아내는 늘 기숙사 사감과 같은 역할을 맡았고, 나는 체육 선생님이나 특별 활동 강사와 같은 존재였다. 주말에만 보는 아이들에게 굳이 큰소리를 내지 않았고, 가능하면 아이들이 원하는 대로 해주려고 노력했다. 매일 함께하지도 못하는데 아이들에게 굳이 잔소리하고 싶지 않았다. 아빠와의 짧은 주말을 보내고 다시금 엄마와의 일상으로 돌아가야 하는 아이들에 대한 고민은 깊이 하지 않았던 것 같다. 그저 내 마음속의 빚이 조금 줄어들 수 있다는 이유로 나의 행동을 바꾸려 들지 않았다.

집안일에서도 깔끔한 성격인 아내는 청소와 빨래도 내 도움을 바라지 않았다. 심지어 식사 후 설거지도 거의 부탁하는 일이 없었다. 그저 아이들과 놀아주라는 무언의 배려인 것 같았고 나 역시도 아이들과 시간을 보내는 낙으로 주말을 살았다.

이렇게 주말부부의 생활이 계속된다면 큰 문제는 없었다. 하지만 아빠인 내가 육아휴직을 하기로 마음먹은 이상 역할의 변화가 필요했다. 이제는 주말만 함께하는 아빠가 아니라 매일매일의 일상을 관리하고 때로는 통제해야 하는 위치에 있었기 때문이다. 복직하는 아내를 대신해 가사를 해야 했기에 그에 관한 준비와 노력이 필요했지만, 완벽한 준비로 육아휴직에 임할 수 있는 여건은 아니었다. 아내의 복직과 나의 휴직은 거의 맞닿은 시점이라 제대로 된 인수인계가 이루어질 수 없었다. 주말을 통해서라도 모종의 노력을 기울였어야 하는데 자각이 없으니 그저 어떻게든 되겠지 하는 심정으로 육아휴직에 돌입할 수밖에 없었다.

주 양육자 교체에 따른 새로운 관계 맺기 준비 운동

'주 양육자'라는 표현이 있다. 양육에 주된 역할을 하는 사람으로 앞에서 언급한 것처럼 엄마가 주 양육자의 역할을 담당하는 경우가 대부분이고 아빠는 보조적인 양육자 혹은 조력자의 역할을 담당하는 것이 일반적이다.

그런데 아빠가 육아휴직을 하는 순간 이 역할이 바뀐다. 이제는 아빠가 주 양육자의 역할을 담당해야 한다. 아이들을 일과에 맞춰 준비시키고, 매 끼니 식사를 챙기고, 매일매일 쏟아지는 빨래와 청소를 포함한 가사를 전담해야 한다. 갑자기 활동 공간이 직장에서 가정으로 바뀌고 해야 할 일이 바뀌면 한동안 공황 상태(멘붕)에 빠질 수밖에 없다. 때로는 막연하게 느껴져서 그저 아내의 얼굴만 쳐다보는 일도 생긴다. 이런 일이 생기지 않도록 하려면 휴직 전부터 아이들과의 관계 개선과 가사에 대한 전반적인 노하우를 익힐 필요가 있다. 특히, 아이들과 충분한 교감이 이루어지지 않은 상태에서 주 양육자가 바뀌는 환경 변화가 일어난다면 아이들 또한 스트레스가 급격히 증가할 수밖에 없다. 그러므로 새로운 관계 맺기가 가장 중요하다.

운동선수가 마운드 혹은 필드에 나서기 전에 몸을 충분히 풀어주는 준비 운동을 통해 좋은 성과를 내는 것처럼, 아빠 역시 육아휴직을 계획했다면 사전에 충분한 준비 운동을 해야 한다. 이렇게 내 경험에서 나온 육아를 위한 준비 운동이 많은 아빠들에게 도움이 되었으면 한다.

① 자녀 성향에 맞게 아이를 돌봐라

아이들마다 성향이 다르다 보니 성향에 맞는 접근 혹은 대응 방법을 익히는 것이 필요하다. 이러한 노하우는 아내를 통해 얻거나 평소 아이들을 세밀하게 관찰해야 얻을 수 있는데, 아이마다 동기를 부여하는 요인이 다르므로 꼭 익혀야 할 필살기다. 어떤 아이는 칭찬만으로도 행동이 바뀌는가 하면 경쟁심이나 공포심을 유발해야 반응하는 아이도 있다. 그러므로 자신의 자녀가 어떤 성향에 가까운지 평소 파악해두는 지혜가 필요하다.

나도 애들 아빠인데, 아이들에 대해서는 잘 알고 있다는 일종의 자신감을 가지고 있었다. 그런데 막상 매일 마주한 아이들은 내가 알고 믿었던 모습과는 차이가 있었다. 첫째는 경쟁심과 의욕이 있어서 목표를 부여하고 격려하면 곧잘 따랐지만, 둘째는 모든 것을 함께해야 하고 세심하게 관심을 가져주길 바랐다. 셋째는 영아에서 유아의 경계를 지나는 단계였지만, 자율성이 높아서 약간의 호응만으로도 곧잘 혼자 놀기도 하고, 정리나 청소에 관심을 보이기도 했다.

한 예로 내가 아이들과 경험한 목욕을 들어보겠다. 매일 아이들을 씻기는 것이 쉬운 일이 아니다 보니 저녁마다 일종의 전쟁이 벌어졌다. 그래서 아이들의 성향에 맞춰 목욕을 시도했다. 일단 첫째는 누가 먼저 목욕할 것인지 순서를 정하자고 하면 곧잘 1등으로 씻겠다는 의지를 불태웠다. 반면 둘째는 목욕을 매우 싫어해서 마지막 순서로 가는 경우가 많았고, 그마저도 하나하나 챙겨주지 않으면 좀처럼 진도가 나가지 않았다. 그래서 샴푸, 샤워, 수건으로 닦아주는 모든 과정에 놀이 요소를 첨가해주고서야 둘째의 목욕이 마무리될 수 있었다. 셋째는 감정의 변화가 심한 편이라 처음에는 목욕을 거부하기도 했지만 일단 욕조에 들어가서 자신이 좋아하는 목욕용 장난감을 만지거나 적당히 장난을 시작하면 어렵지 않게 마칠 수 있었다. 이렇듯 아이들마다의 특성을 파악한다면 보다 효율적인 육아가 가능해지게 된다.

그리고 이런 방식으로 아이들과 시간을 보내다 보면 특성 파악뿐만 아니라 자연스러운 교감의 기회도 증가해 엄마와의 애착이 자연스럽게 아빠에게로 전이되는 효과도 볼 수 있다. 나도 첫 육아휴직 3개월 동안은 셋째가 엄마의 옆자리만 찾았었지만 이제는 내 옆에서만 잠들려고 하고 자다가 깨서도 아빠를 찾는 변화를 경험할 수 있었다.

② 가사에 필요한 노하우를 습득해라

매일매일 반복되는 가사 시간을 줄이지 않으면 쉽게 지치게 되거나 계획한 다른 일을 추진하는 부분에도 장애가 된다. 그러므로 효율적인 가사 시스템을 구축하기 위해 노하우를 습득할 필요가 있다. 아이가 셋이나 있는 데다, 아내의 성격상 청소와 빨래를 매일 할 수밖에 없었다. 기본적인 세탁조차 옷들을 정리하기까지 4~5시간이 소요되다 보니 외부 활동은 엄두를 낼 수조차 없었다. 육아휴직 초기에는 오전에 세탁기를 돌리고 그 사이 집안 정리와 청소기를 돌리고 탈수가 된 빨래를 건조대에 널고 저녁이 되면 빨래를 걷어서 정리하는 일과를 보냈다. 빨래를 건조대에 널고 난 이후에나 잠시 내 시간을 가질 수 있는 정도였다.

남자들이 여자보다 멀티태스킹 능력이 상대적으로 떨어진다고 하는데, 나 역시 외출이 길어져 아이들과 늦게 집으로 돌아오면 빨래를 개어 정리하기조차 쉽지 않을 만큼 양육과 가사가 몰려 멘붕 상태가 됐다. 마음은 급하기만 해 정신없고, 아이들의 다양한 요구는 빗발치고, 밥과 목욕까지 완료해야 하는 상황에서 도무지 빨래까지 신경 쓸 수가 없었다. 거기에 햇살까지 충분하지 않으면 많은 양의 빨래를 실내건조만으로는 해결하기 어려웠다. 그래서 나는 세탁의 시스템을 뜯어고쳤다.

모든 빨래는 저녁 목욕 후 세탁기에 집합시켜 새벽에 돌아가도록 예약을 했다. 우리 집은 타운하우스여서 세탁기가 집 한가운데 있다. 그래서 이웃에 소음 피해를 크게 주지 않는다는 장점도 한몫했다. 완료된 세탁물은 휴직과 함께 장만한 건조기로 직행해 아이들 등교 및 등원 시간에 맞춰 종료되게 했다. 이렇게 세탁 시스템을 바꿔 오전 9시 이전에 그날의 세탁을 마무리할 수 있는 효율적인 세탁이 가능해졌다. 이는 비단 빨래에만 해당되는 것이 아니다. 청소나 설거지, 요리에도 휴직 전 관심을 두고 도전해보면 아내의 기술을 전수받거나 자신만의 방법을 체득할 수 있다. 가랑비에 옷 젖는지 모른다는 말이 있다. 하찮게 본 가사 노동에 치여 다른 것은 엄두도 내지 못할 정도로 지쳐버릴 수 있다. 그러므로 반드시 자신만의 효율적인 가사의 절차를 수립하는 것이 필요하다.

③ 양육에 필요한 기술을 습득해라

양육 관련 기술 중 가장 어려웠던 것이 딸아이의 머리 묶기였다. 단발이면 관리가 편하겠지만, 딸아이는 머리를 기르는 데 관심이 있었다. 그런데 우연한 기회에 소아암 어린이가 항암치료를 받는 과정에서 가발이 필요하다는 이야기를 듣고는 기부를 목적으로 머리를 기르고 있었다. 아침에는 아내가 아이의 머리를 묶어주지만, 1학년 아이들의 발랄함은 상상을 초월하는 법이다. 학교에서 돌아오면 이미 머리는 헝클어진 상태가 되기 일쑤였다. 내가 급한 대로 응급조치는 하지만 아무래도 허술하고 어색했다. 그래서 이웃 엄마들이나 학원 선생님들이 보다 못해 다시 해주는 경우가 많았다.

요리도 마찬가지다. 평소에 해주는 음식을 먹기만 했지 그다지 요리에 관심도 없었고, 할 줄도 몰랐다. 그렇게 준비 없이 휴직에 접어들게 되니, 아이들 저녁 식사를 챙기는 것이 늘 곤욕이었다. 처음에는 그래도 아빠가 있는데, 제대로 된 저녁을 먹여야 하지 않을까 하는 목표의식만 크다 보니 요리는 늘 스트레스였다. 스트레스 없는 육아를 하자고 마음먹었는데 스트레스를 받고 있는 나 자신이 한심한 생각마저 들었지만, 그렇다고 팔짱만 끼고 있을 수는 없었다. 그래서 도전한 것이 나만의 간편 저녁 식사였다. 다행히(?) 학교나 어린이집에서 균형 잡힌 점심과 간식을 먹고 오니 나는 허기를 달래주는데 집중했다. 그래서 마음먹고 아이들에게 쉽게 해줄 수 있는 요리부터 도전하기로 했다.

주방과 담쌓고 살던 아빠가 처음부터 해줄 수 있는 요리는 많지 않다. 그리고 설사 요리를 한다고 해도 아이들이 좋아한다는 보장도 없다. 그러므로 우선은 아이들이 좋아하는 음식부터 시작해서 건강까지 챙길 수 있도록 단계적으로 접근하는 것이 좋다. 육아에 정답이 없는 것처럼 식단 계획에도 정답은 없다. 나는 아이들이 좋아하는 우동 종류와 주먹밥부터 시작했다. 그래도 건강을 생각하지 않을 수 없어서 유탕면보다는 생면을 그리고 다소 가격이 나가더라도 재료나 성분을 보고 식재료를 구매했다.

주먹밥은 가장 손쉽게 만들 수 있으면서도 아이들이 좋아하는 메뉴 중 하나다. 갓 지은 따뜻한 밥으로 만든 주먹밥은 아이들의 식욕을 돋우기에도 그만이다. 잘 뭉쳐지고 맛도 좋게 하기 위해 게맛살이나 치즈를 추가하는 레시피를 완성하기까지 시행착오는 있었지만, 덕분에 아이들이 가장 손에 꼽는 대표 메뉴가 되었다.

육아휴직서를 제출하기까지 고민에 고민을 거듭한 당신이 마주하게 된, 육아를 위한 소중한 시간이자 기회인 육아휴직이다. 나처럼 어떻게든 되겠지 하는 안일한 마음으로 시작한다면 몇 개월간의 시행착오를 거듭하다 이내 육아휴직의 중반부에 도달해 있는 스스로를 발견하게 될 수도 있다. 그러니 육아휴직을 사용하기로 마음먹었다면 얼마나 충실하게 보낼 것인지는 전적으로 충분한 육아 준비 운동에 달려 있음을 반드시 명심해야 할 것이다.

아빠의 육아휴직을 위해 부부가 함께 준비해야 할 것들

육아는 부부 공동의 책임, 부부간의 소통이 중요하다

육아는 부부 공동의 책임이자 권리다. 따라서 육아휴직을 쓰기로 결정하는 과정에서도 부부간의 많은 소통과 논의가 필요하지만, 오히려 부부이기 때문에 간과하는 경우가 많다. 우리 부부뿐만 아니라 육아휴직으로 상담을 요청해오는 지인들을 보아도 육아휴직이라는 과정을 다소 추상적으로 인식하고 있다는 것을 느낄 수 있었다. 이는 주변에서 육아휴직과 관련한 정보와 조언을 얻을 수 있는 경로가 극히 제한적이라는 것이 가장 큰 이유일 것이다.

남자들의 경우 육아휴직에 대한 정보는 고작 먼저 육아휴직을 했거나 하고 있는 일부 육아 아빠들의 블로그나 카페를 통한 것들이고, 이마저도 대부분 육아휴직의 일상을 다룬 것들이 전부다. 반면 엄마들은 여성 육아휴직이 상대적으로 일반화되어 있어 정보나 조언을 구하기가 훨씬 쉽다.

단순히 주말이나 평일 저녁 시간을 통해 조력자에 머물던 아빠가 육아와 가사를 하게 된다면 어떤 모습일까? 그런 모습을 자주 접할 수 없다 보니 이 부분에 대해서는 부부 모두 막연하게 상상만 할 수밖에 없다. 육아와 가사의 기준도 저마다 천차만별이다. 그러니 아내와 남편이 서로에게 바라는 기대치 역시 다를 수밖에 없다.

육아휴직과 관련한 근로계약서를 만들어라

우리 부부 역시 휴직 전 육아와 가사의 역할 분담에 관한 세밀한 계획 없이 시작했다. 평소 주말부부로 지내면서 자취생에 준하는 생활을 해온 나에게 청소와 빨래는 일주일에 한 번이었다. 반면 아내는 매일 혹은 적어도 이틀에 한 번은 세탁기와 청소기를 돌렸으며, 외출할 때마다 거실과 방의 물건들을 깔끔하게 치우는 것이 습관처럼 되어 있었다. 나도 육아휴직 초반에 하루라도 청소기 돌리는 것을 빼먹으면 금방 눈치채는 아내 때문에 적잖이 힘들었었다.

세탁기 역시 아직까지도 어려워하는 것 중에 하나다. 부부 관련 방송에서 본 남편의 모습이 나와 사뭇 다르지 않았다. 방송에서 아내가 남편에게 세탁기 좀 돌리라고 하니 세탁 모드는 무엇으로 설정하고 온도와 헹굼 횟수는 어떻게 하는지, 세제는 가루, 액체 중 무엇으로 써야 하는지 계속해서 질문했다. 결국 계속된 질문에 아내는 짜증스러운 표정으로 직접 세탁기를 돌리는 모습이었다.

아마도 그 남편은 지능적이거나 방어적이라고 생각한다. 군대 혹은 직장 생활을 해본 사람들은 '모르겠습니다'라는 말의 효과를 잘 알고 있을 것이다. 모르겠다는데 어떻게 시키겠는가? '모르겠다'는 말은 일종의 면죄부를 부여해준다. 다만, 너무 남발한다면 감당하기 어려운 결과를 초래할 수도 있지만 말이다.

이런 측면에서 남편이 계속 아내를 향해 모르쇠로 일관한다면 결국 그 일은 가장 답답한 사람, 즉 아내가 맡아서 마무리하게 될 것이다. 반면, 평소 아내에게 갖은 잔소리를 들어온 남편이라면 자신이 하는 모든 일에 확신이 없을 수 있다. 무엇을 해도 결국 아내의 눈높이를 맞추지 못할 걸 알기에 실수를 최소화하기 위해 자신의 판단을 배제하고 모든 것을 전적으로 아내에게 의존하게 된다. 이 경우 남편은 판단하지 않기에 최소한 결과에 대한 비난은 받지 않게 된다.

이러한 사례들은 육아휴직을 앞둔 혹은 육아휴직 중인 부부들에게 결코 일어나서는 안 된다. 이런 불상사를 미리 방지하기 위해서는 표준화된 일종의 근로계약서를 체결하는 것이 필요하다. 요리, 청소, 세탁과 같은 집안일은 물론, 아이들의 목욕이나 간식 횟수 등 시시콜콜한 사항까지 사전에 협의한다면 어려움을 피할 수 있다. 뿐만 아니라 이러한 사항들은 휴직 기간 동안 지속해서 수정되고 보완되어야 한다.

부부간 대화는 필수, 말하지 않으면 모른다

결국 문제는 원활한 소통이다. 육아휴직에 이르기까지 부부간 끊임없는 대화의 과정을 거쳐 왔겠지만, 나나 지인의 경우처럼 육아휴직이라는 기본 원칙에만 동의하고 세부적인 부분은 논의가 생략되는 경우가 많다. 이것은 그간 부부간 소통이 어떠했는지를 돌이켜보는 일종의 바로미터라고 할 수 있다.

부부 관계라는 게 좀 묘하다. 남녀가 서로 만나서 계약서를 쓰고 역할을 나눈 것이 아니다 보니 결혼과 출산으로 자연스럽게 결정되는 것이 바로 부부 관계다. 게다가 출산 이후의 부부 관계는 연애 기간이나 신혼 때와는 또 다른 단계로 발전해야만 한다. '부부 사이에 무슨 대화가 필요할까? 말하지 않아도 내 마음 알겠지?'라는 태도로 살아가다 보면 어느 시점에서는 바로잡기 어려울 만큼 어긋나 있는 서로를 발견하게 된다. 우리 부부 역시 8년의 연애를 거쳐 양가의 종교 갈등을 극복하고 결혼에 성공했고, 그간의 수많은 대화와 편지로 서로 잘 이해하고 있다고 믿었다. 하지만 그것은 내가 믿고 싶은 바였지 현실은 아니었다. 직장 일로 혹은 주말부부로 아이들에 대한 대화만 오가고 서로에 관한 관심과 애정은 어느새 화석처럼 굳어버려서 그 모양만 남아 있는 상태였다. 사실 가족의 중심은 부부다. 부부 관계가 바로 서야 부모와 자식 관계가 바로 설 수 있다. 자녀는 부모를 보고 배우는 거울과 같은 존재이기 때문이다.

아직도 우리 부부가 가끔 얘기하는 일화가 있다. 세상의 고정관념을 빌리자면 우리 부부는 B형인데다가 나는 경상도 남자라 때로는 대화가 무미건조할 때가 많았다. 그런 모습을 보고 첫째가 어린이집 선생님에게 '부모님이 자주 싸운다'고 이야기했다는 말을 전해 듣고는 한참 동안 아이를 붙잡고 식은땀을 흘리며 해명했던 기억이 있다.

아이들은 자신의 부모를 끊임없이 관찰하고 모방한다. 그래서 부부의 관계가 더 중요하다. 나는 육아휴직을 통해 아이들뿐만 아니라 부부의 미래, 서로의 관심사나 마음에 있는 이야기를 나눌 기회도 많아졌다. 그것이 육아휴직이 주는 또 다른 장점이라고 생각한다.

내 마음속 감춰진 보물을 발견하다

우리 마음은 어린 시절 열심히 시청하던 '메칸더V'의 원자력에너지처럼 30~40년간 끊임없이 불타오르지만은 않는다. 오히려 촛불과 같이 연약하기에 작은 바람에도 일렁이거나 꺼지기 쉬운 것이 우리의 마음이다. 이처럼 부부 관계가 중요하지만 우리는 평소에 관심을 두고 살펴볼 여유 없이 살고 있다.

그런 측면에서 육아휴직은 아빠의 시선을 직장에서 가정으로 돌려놓을 좋은 기회다. 그러나 그 기회는 아빠 혼자서 만들어 가는 것이 아니라 부부와 가족이라는 공동체가 함께 만들어가는 과정이다. 즉 성공적인 육아휴직을 만드는 8할은 부부 관계이고 그 핵심은 부부간의 소통에 있다.

사전에 육아휴직을 통해 아빠가 어떤 역할을 담당할지에 대해 충분한 대화를 해보고 가능하다면 이를 목록으로 만들어보자. 이렇게 하지 않으면 엄마와 아빠는 서로 다른 기대치를 가지기 쉽고 이런 차이는 결국 부부간에 불필요하고 소모적인 언쟁이

나 감정싸움으로 발전하기 쉽다. 엄마가 조심해야 할 것은 아빠도 엄마와 같이 굳이 따로 배우지 않아도 육아를 잘해낼 것이라는 막연한 믿음이다.

아빠는 성별에서 오는 기질적인 차이 외에도 육아에 대한 정보 접근이 제한된 환경에서 성장하고 생활해왔다. 아마 엄마가 처음 육아를 마주했을 때보다 더 막연하고 막막한 상황에 처해 있을 것이다. 이런 상황을 어느 정도 이해하고 있지 않는 경우, 대부분의 엄마는 아빠가 또 다른 엄마이기를 바라게 된다.

나의 경험과 관찰에 따르면 대부분의 아빠는 엄마가 될 수 없다. 아빠가 엄마가 되려고 하는 순간 자칫 가족 모두가 불행해질 수도 있다. 서로가 서로에게 다른 기대를 하게 되기에 이는 필연적으로 충족될 수 없으며, 결국 서로에게 상처만을 남기기 때문이다. 따라서 이러한 결과가 빚어지지 않도록 사전에 육아휴직 기간 동안 아빠가 해야 할 역할과 책임을 명확히 하는 것이 필요하다.

TIP

알아두면 쓸모 있는 아빠 육아휴직 혜택

● 육아휴직 급여

· 만 8세 이하 또는 초등학교 2학년 이하의 자녀를 가진 근로자가 그 자녀를 양육하기 위해 남녀고용평등과 일 · 가정 양립 지원에 관한 법률 제19조에 근거한다. 근로자가 육아휴직을 30일 이상 부여받고 소정의 수급 요건을 충족하는 경우.

· 육아휴직 시작 일부터 3개월까지는 통상 임금의 100분의 80(상한액: 월 150만 원, 하한액: 월 70만 원)을 육아휴직 급여액으로 지급하고, 육아휴직 4개월째부터 육아휴직 종료일까지 통상 임금의 100분의 40(상한액: 월 100만 원, 하한액: 월 50만 원)을 육아휴직 급여액으로 지급함.

※단, 육아휴직 급여액의 100분의 25는 육아휴직 종료 후 해당 사업장에 복귀 6개월 이상 계속 근무한 경우 합산해 일시불로 지급함.

· 고용보험공단(www.ei.go.kr) 참고.

● 육아휴직 급여 특례, '아빠의 달'

· 한 자녀에 대해 부부가 차례로 육아휴직을 사용하는 경우 두 번째로 육아휴직을 사용한 사람에게 3개월 급여를 통상 임금의 100퍼센트(상한액: 150만 원) 지급함.

· 2017년 7월 1일 이후 출생한 둘째 이후 자녀는 3개월 급여 상한액이 200만 원으로 인상됨.

※다자녀는 자녀별 2회까지 육아휴직을 나눠서 사용할 수 있으며, 휴직 기간을 자녀별로 나눠서 사용할 경우 아빠의 달 혜택 기간(3개월×자녀 수)을 최대한 적용받을 수 있음.

· 고용보험공단(www.ei.go.kr) 참고.

● 양육 수당

- 어린이집과 유치원을 이용하지 않는 아동(만 84개월 미만)에 대한 부모의 양육 비용 부담 경감을 통해 정부지원의 형평성 문제 해소 및 재가 아동의 건강한 성장 발달 지원을 목적으로 하는 서비스.
- 신청일 기준 취학 전 만 84개월 미만 아동까지 지원함.(지원 금액 홈페이지 참조)
- 보건복지부 복지로(online.bokjiro.go.kr)

● 보육료 지원

- 어린이집을 이용하는 만 0~5세 영유아 가구의 아동에게 보육료 등을 지원하는 것을 목적으로 하는 서비스로 맞벌이 · 다자녀(종일형)와 기타 가구(맞춤형)로 구분해 지원함.
- 지원 금액은 대상 및 유형별 홈페이지 참조
- 보건복지부 복지로(online.bokjiro.go.kr)

● 유아 학비 지원

- 유치원에 다니는 초등학교 취학 직전 3년의 유아(매년 1월 1일 현재 만 3세 이상)에 대해 학부모의 유아 학비 부담 완화 등 교육복지 구현, 유아교육 공교육화를 위한 유아 학비 지원을 목적으로 제공하는 서비스.
- 기관유형별 국 · 공립 유치원(월 6만 원) 및 사립 유치원(월 22만 원) 지원.

  ※양육 수당에서 보육료 지원 및 유아 학비 지원으로 변경 신청할 경우 일할계산으로 지원되지 않으므로 매달 1일을 기준으로 변경하는 것이 유리함.
- 보건복지부 복지로(online.bokjiro.go.kr)

TIP

● 아동 수당

· 만 6세 미만 아동 중 가구당 소득인정액이 선정 기준(3인 가구 기준 월 1,170만 원) 이하인 경우 월 10만 원 지급함.

· 2018년 9월부터 지급되며, 신청자에 한해 지급되므로 반드시 온라인 복지로 혹은 주민센터 방문 신청.

· 아동 수당(ihappy.or.kr)

· 보건복지부 복지로(online.bokjiro.go.kr)

● 금융 바우처(아이통장 개설)

· 인구보건복지협회, 초록우산어린이재단이 우리은행, 기업은행, 신한은행과 제휴해 은행별 자녀통장 개설시 각 통장별 1만 원(최대 2만 원) 금융 바우처 지급함.

· 각 은행사 홈페이지 확인(쿠폰발급)

● 공과금 다자녀 할인

· 전기요금(cyber.kepco.co.kr): 5인 이상 가구나 3자녀 이상 가구인 고객의 주택용 전기요금(해당월 요금의 30퍼센트, 16,000원 한도) 할인.

· 수도요금: 3자녀 이상 다자녀 세대의 수도요금을 감면해주며, 지역마다 감면비율이 다르므로 개별 문의.

· 도시가스: 3자녀 이상 다자녀 세대의 도시가스 요금을 난방용의 경우 동절기에는 월 6,000원, 기타 월에는 월 1,650원, 취사용은 월 420원 할인.

※각 시도 도시가스 홈페이지에서 신청 서류를 작성해 고객센터에 방문하거나 우편과 팩스로 신청할 수 있음.

주택 특별 공급

특별 공급은 정책적 배려가 필요한 사회 계층 중 무주택자의 주택 마련을 지원하기 위해 일반 공급과 청약 경쟁 없이 주택을 분양받을 수 있도록 하는 제도로 당첨 횟수를 1세대당 평생 1회로 제한함.

● 신혼부부 특별 공급

· 입주자모집공고일 현재, 청약통장에 가입 · 유지하고 있는 무주택 저소득 신혼부부에게 전용면적 85㎡ 이하의 분양주택 및 임대주택(건설량의 최대 30퍼센트 내)을 1회에 한해 특별 공급하는 제도임.

· 아파트 투유(www.apt2you.com/)

● 다자녀 특별 공급

· 입주자모집공고일 현재 청약통장에 가입 · 유지하고 있으며, 3명 이상의 자녀를 둔 무주택가구에 국민주택(수도권, 도시 지역 주거전용면적 85㎡ 이하), 민영주택을 건설량의 최대 15퍼센트 이내에서 1회에 한해 특별 공급하는 제도임.

· 아파트 투유(www.apt2you.com/)

● 다자녀 전용 보금자리론

· 미성년 자녀 수에 따라 소득 요건(연소득 최대 1억 원)과 대출한도(세 자녀 4억 원)를 완화한 보금자리론

· 3자녀 이상 가구는 부부합산 연소득 6,000만 원 이하 시 주택면적에 관계없이 0.4퍼센트 금리 할인

· 한국주택금융공사(www.hf.go.kr)

※부동산 시장 침체에도 분양가 상한제를 적용받는 택지지구의 주택청약은 여전히 높은 관심을 받고 있으며, 부부간 직장이 원거리

TIP

일 경우(주말부부 등) 주거지 조정 및 투자 차원에서 특별 공급을 노려볼 만함. 특히, 육아휴직 기간 소득 감소로 특별 공급 및 보금자리론 우대 적용이 가능한 경우가 있으므로 적극적으로 혜택을 활용해 볼 것.

● 보건소 영양플러스 사업

· 영양결핍의 위험군에 속해 있는 임산부 및 영유아의 영양 불량을 해소하기 위해 영양 교육과 특정 보충식품을 일정 기간 지원해 스스로 식생활 관리 능력을 향상하고자 하는 사업.

· 가구별 중위소득 80퍼센트 이하이며 만 66개월 미만의 영유아, 임신부, 출산부, 수유부가 있는 가구.

· 영유아의 해당 개월 수, 출산부, 수유부에 따라 보충 식품 패키지(분유, 쌀, 달걀, 우유, 콩, 김, 미역, 당근, 통조림[닭가슴살, 참치], 오렌지주스 등)가 다르며 관할 지역 보건소마다 차이가 있음.

· 해당 지역 보건소 홈페이지를 참조하거나 전화 문의.

여행

● 대한민국 구석구석 행복여행(korean.visitkorea.or.kr)

· 한국관광공사가 운영하는 국내 여행정보포털로 국내 여행 숙박, 관광 명소, 맛집 정보, 이벤트 행사 등을 안내하며 블로그와 페이스북도 운영함.

● 행복카쉐어(www.gg.go.kr/happycar)

· 경기도 공용차량 중 주말이나 공휴일 등에 사용하지 않는 차량을 도민들과 공유하는 제도임.

· 이용일: 토요일, 일요일, 설날, 추석, 공휴일 등(징검다리 연휴 포함)

※승용차뿐만 아니라 RV(카니발, 스타렉스)를 이용할 수 있어 자녀 동반 이동시 편리하지만, 차량 인수 및 반납 시간의 제약이 있고 신청자가 몰릴 경우 사용이 힘들 수 있음.

● 지자체 지원 특가 여행 상품(www.toursketch.co.kr)

· 해당 여행사 홈페이지의 지자체 지원 메뉴에서 지역별 여행 상품을 확인할 수 있음.

※하나투어(www.hanatour.com) 내 나라 여행시리즈는 외국인과 함께 운영되며, 만 8세 이상 자녀를 동반할 경우 좋은 기회로 활용 가능.

● KTX

· 코레일 멤버십 회원 중 3자녀 이상을 둔 가정은 멤버십 페이지 〈가족 정보 등록하기〉에서 가족 구성원을 등록하고 다자녀 행복 할인을 받을 수 있음. 가족 중 최소 3명 이상(어른 1명 포함)이 이용하는 경우 어른 운임의 30퍼센트를 할인받으며, 동반 유아 할인은 4세 미만 유아를 동반한 경우 동반 유아 좌석권을 2매까지 어른 운임의 75퍼센트 할인해 제공함.

교육

● **아이사랑 포털**(www.childcare.go.kr)

· 임신 · 출산 · 육아 관련 정보 및 전문가 상담, 어린이집 이용(입소 대기 신청, 보육료 결제 등) 서비스 제공함.

● **육아종합지원센터**(central.childcare.go.kr)

· 장난감 도서관: 연령대별 다양한 장난감을 연회비 1만 원에 최대 2주간 대여 가능함.

TIP

· 영유아 체험실: 만 5세 미만의 자녀를 동반해 1회 2시간(약 1천 원) 활용 가능함.

※소규모 키즈카페 형식으로 블록방이나 만들기 프로그램을 운영함.

· 부모 자녀 프로그램: 자녀와 함께할 수 있는 월령별 다양한 프로그램을 운영함.

· 돌복 대여: 관내 영아에게 돌복을 무료로 대여하는 사업

· 웹진 아이사랑(www.i-love.or.kr) 발행

※교체 주기가 빠른 장난감은 무료 렌털이 가능해서, 비용뿐만 아니라 집 안에 방치되는 장난감으로 인한 불편함을 줄여주며, 영유아 체험실의 활용은 자녀 동반 외출비용의 절감 및 지역 내 유사 월령 부모와의 소통의 기회를 제공하므로 지역 육아종합지원센터를 잘 활용하는 것만으로도 큰 혜택을 누릴 수 있음.

● 도서관

· 북스타트(www.bookstart.org)

· 아가들의 정기 예방접종 시기에 해당 지역 도서관, 보건소, 평생학습정보관, 주민센터 등에서 그림책이 든 가방을 선물하는 프로그램으로 월령별로 각기 다른 꾸러미로 구성되어 있음.

※도서관은 가족당 보통 7권의 책을 2주간 대여하므로 별도로 서적을 구매할 필요가 없고 자녀의 독서습관을 길러줄 수 있으며, 휴직 기간을 통해 부모도 다시 책을 가까이할 수 있는 계기가 됨. 도서관에서 운영하는 다양한 육아 및 인생 관련 특강 및 프로그램도 유용함.

● 마트 문화센터

· 이마트 문화센터(culture.emart.com)

· 롯데마트 문화센터(culture.lottemart.com)

· 홈플러스 문화센터(school.homeplus.co.kr)

● 정부 저출산 · 돌봄 대책

· 2018년 10월 수정발표 예정인 3차 저출산 기본계획(2016~2020년)을 통해 구체화 예정

주요 대책	현행	개선
특수고용직 · 자영업자 (5만 명) 출산지원금	미지급	3개월간 월 50만 원 지원
아동 의료비 지원	1살 아동 병원비 지출 (입원 제외) 평균 16만 5,000원	건강보험 본인 부담액 경감 (평균 5만 6,000원으로 감소 예상) 국민행복카드 단태아 기준 60만 원으로 10만 원 인상 및 분만예정일+1년으로 사용기한 확대
아이돌보미 지원 대상 확대	중위소득 120% 이하, 지원율 최대 80% 지원	중위소득 150% 이하, 지원율 최대 90% 지원
육아기 노동시간 단축	육아휴직 포함 최대 1년 하루 2~5시간 단축 가능 (임금지원 80% 지급, 상한 150만 원)	육아휴직 포함 최대 2년. 하루 1~5시간 단축 가능 (1시간만 단축하면 임금 100% 지급, 상한 200만 원)
아빠 육아휴직 보너스	최대 200만 원	최대 250만 원
배우자 출산휴가 확대	유급휴가 3일+무급휴가 2일	유급휴가 10일 (중소기업 유급휴가 5일치 정부 지원)
비혼가구 출산 · 양육 지원	14살 미만 아동 대상 양육비 월 13만 원 지원	18살 미만 아동 대상 양육비 월 17만 원 지원

4장

“여보, 나도
아빠가 처음이야”

육아하는
아빠의 하루

아내가 육아휴직 중이었을 때의 일상에 대해 과연 내가 궁금증을 가져본 적이 있었는지 스스로 반문해보았다. 제대로 된 가사와 육아를 해본 기억이 없는 나로서는 직장 생활을 하면서도 아내의 일상이 어떤지 궁금했던 기억조차 없었다. 그저 막연하게 청소하고 빨래하고 애들 돌보고 있을 거라는 추상적인 이미지만 그려볼 뿐이었다.

그렇다면 육아휴직 중인 아빠의 일상은 어떨까? 사실 반복되는 일상이 전체의 대부분을 차지한다. 그렇다 보니 매일매일 조금씩 변화를 주거나 나만을 위한 시간을 따로 계획하지 않는다면 매너리즘이나 타성에 빠지기 쉬운 것이 육아휴직의 일상인 것 같다. 육아휴직 기간 나의 평균적인 일상은 다음과 같다.

기상

나는 아침 6시 반쯤 일어나 주방으로 향하고, 아내는 출근을 위해 머리를 감고 말린다. 아이들은 우리보다 30분쯤 늦게 엄마의 헤어드라이어 소리에 잠에서 깬다. 그 사이 나는 새벽 예약으로 탈수를 완료한 세탁기에서 세탁물을 꺼내 건조기로 옮겨준다. 이제 오늘의 빨래 고지 5부 능선을 넘었다.

아침 식사 및 출동 준비

아침은 보통 간단한 메뉴로 준비하는데, 제철 과일이나 프렌치토스트 혹은 떡이나 만두 등이다. 주로 30여 분의 시간이면 준비가 가능한 것들이다. 7시 30분쯤이면 식사를 마친 후, 아이들의 등교와 등원을 위해 옷을 입힌다. 첫째는 알아서 갈아입으니 둘째와 셋째만 신경 쓰면 된다. 초기에는 둘 다 입혀주었지만, 요즘은 복직에 대비해서 둘째가 혼자 입을 수 있도록 충분한 시간을 주고 재촉하지 않고 격려하며 지도하고 있다. 사실 아빠의 육아휴직은 육아와 가사에 완벽한 해결책이라기보다는 임시방편에 가까워서 1년의 휴직 기간을 기준으로 최소 6개월 전부터는 복직에 대비해 이런저런 준비를 미리 시작하는 것이 좋다. 아이들의 자율적인 일과 수행이 이 기간을 통해 습관화된다면 육아의 부담이 줄어들 수 있다. 8시부터는 세수와 양치를 시키고 첫째의 등교 가방과 둘째와 셋째의 등원 가방을 챙긴다. 학교의 과제물과 준비물 그리고 알림장을 다시 한 번 확인하고 막내는 식판을 가져가야 하므로 꼭 확인한다. 가끔 아이들 셋을 챙기다 보면 식판을 깜빡해서 다시 어린이집을 방문하는 경우가 종종 생기곤 한다.

빨래 및 청소

8시 30쯤 아내와 아이들이 집을 나서면 이제부터는 본격적인 가사와의 전투가 시작된다. 어느새 건조기는 맡은 일을 묵묵히 마치고 나를 기다리고 있다. 건조기 덕분에 빨래의 과중함에서 해방될 수 있음은 물론이고, 계절에 관계없이 세탁을 할 수 있다는 자유를 얻었다. 그날의 빨래가 다음 날 아침이면 입을 수 있도록 세탁되니 하루가 다르게 성장하는 아이들에게 많은 옷을 사줄 필요도 없게 되었다. 우리 가정을 기준으로 보아도 요즘 나오는 히트펌프식 건조기는 전기요금이 5천 원 내외로만 추가되기 때문에 가계에는 크게 영향이 없는 것 같다.

주로 머무르는 시간이 많은 안방을 정리하고 로봇청소기 미자(샤오미 MIJIA 무선로봇 청소기의 별명)씨를 투입한다. 미자 씨가 열심히 맡은 바 임무를 다 하는 동안 빨래를 모두 개고, 아침 식사 후 남은 식기들을 설거지하고 나면 전반전은 어느 정도 마무리가 된다. 이어서 다시 미자 씨를 거실에 투입하고 아이들 놀이방에서 장난감들과 사투를 벌이다 보면 일반적인 집안일은 종반부로 접어든다. 물론 항상 미자 씨만을 의지하지는 않는다. 아무래도 유선청소기의 강력함과 꼼꼼함을 빼놓을 수 없기에 일주일에 1~2회 정도는 벽에도 달라붙는 에밀리(밀레 Miele 유선청소기의 별명)로 청소하는데 꽤 만족하고 있다. 그 외에는 타운하우스 특성상 세 곳이나 되는 화장실 청소를 2주 간격으로 하고 있으며, 추가적인 신발 세탁이나 청소는 비정기적으로 하고 있다.

처음에는 이 모든 과정이 몸에 익지 않아서 기본적으로 3~4시간이 소요되었지만, 지금은 어지간해서는 2시간 이내에 마무리할 수 있는 경지에 접어들었다. 기본적인 가사에 걸리는 시간이 줄어든 만큼 나에게는 자유 시간이 주어지는 것이라 가능하다면 가사 노하우 습득과 머스트 해브(Must Have) 아이템의 구비는 추천하고 싶다. 단순히 육아휴직 중인 아빠를 위한 것이 아니라 영구적으로 집 안의 가사 부담을 경감시켜 주기 때문이다.

자유 시간

이렇게 오전 시간을 보내면 빠를 때는 11시, 늦어도 정오쯤에는 기본적인 집안일을 마무리할 수 있다. 그러면 오후에 아이들이 하원할 때까지 약 4~5시간의 여유가 생긴다. 이 시간은 온전히 육아휴직 중인 아빠에게 주어지는 시간이다. 평소 배우고 싶었던 것이 있었다면 학원이나 각종 특강을 찾아보는 것도 좋다. 가까운 행정복지센터나 마트 문화센터에 수강을 해도 좋다. 지인들을 만나거나 도서관을 방문하는 등 자신의 취미 활동에 시간을 할애해도 좋다. 무엇을 하든 자신이 원하는 대로 활용할 수 있는 시간이 주어진다는 것은 축복이며 의무다. 의무라고 강조한 이유는 이 시간을 헛되이 보내면 그 결과에 대해 자신이 책임을 져야 하기 때문이다. 나는 육아휴직 초반부터 주어진 시간을 의미 있게 사용하지 못했다. 그래서 방황도 하고, 육아 우울증까지 겪고 나니 자신을 스스로 챙기지 않고는 육아를 할 수 없다는 진리를 깨달았다. 이와 관련된 이야기는 다시 자세히 다루겠다.

하원 및 하교

초등학교가 학기 중이냐 방학이냐에 따라 차이가 있지만, 보통은 3시 30분 정도면 아이들의 하원을 위해 집을 나선다. 아내의 직장 생활을 고려해 둘째는 회사 어린이집을, 막내는 근처 시립 어린이집을 보내고 있다. 회사 어린이집 입소 경쟁이 워낙 치열하다 보니 불가피한 선택이었고, 이로 인해 동선이 길어지는 결과를 감내할 수밖에 없었다. 때로는 어린이집 놀이터에서 더 놀고 싶다는 아이들을 재촉하지 않고 더 놀게 하다 보면 결국 집에 도착하는 시간은 5시 정도가 된다. 이때쯤이면 첫째도 학교 수업 후 학원을 마치고 집으로 돌아온다. 외출 후에는 반드시 손을 씻도록 가르치고 있는데, 어느 정도 습관이 될 때까지는 관심이 필요하다. 그러고는 아이들을 위한 저녁 식사 준비를 시작한다.

저녁 식사

육아휴직 초기에는 메뉴를 미리 정해서 저녁 식사를 준비했지만, 노하우가 쌓일수록 그날의 아이들 기호와 재료를 보고 즉흥적으로 결정하는 경우가 많아졌다. 어차피 아빠표 저녁 레시피라는 것이 다양하거나 영양학적으로 우수할 수는 없으므로 선호도와 조리 편의성에 관한 요건만 충족한다면 그중 건강식에 가까운(?) 메뉴로 선택하는 편이다. 몇 가지 요리는 내 블로그(네이버 블로그 '육아하는 남자·육아 파일럿')에 올리기도 했다. 주로 주먹밥이나 치킨 덮밥, 어묵 전골, 우동, 피자 등으로 크게 손이 가지 않는 메뉴들이 대부분이다.

저녁 놀이 및 목욕

식사를 마치고 아이들이 원하는 대로 잠시 놀아주다 보면 시간이 훌쩍 지나가 버린다. 놀이 역시 그때그때 아이들의 기분과 눈에 띄는 재료를 활용하고 있다. 특별한 놀이를 고안하거나 준비하기보다는 아빠의 어린 시절 기억을 떠올려서 놀이를 준비하거나 놀이 경험이 많은 아이의 선택을 따르면 되니 부담스럽게 생각하지 않는 것이 좋다. 한 시간 정도 놀아줘도 부족함을 느끼는 것이 아이들의 마음인지라 아쉬워하는 아이들을 달래 목욕을 시키면 또다시 한 시간이 훌쩍 지나간다. 가정마다 기준이 있겠지만, 우리 집은 가급적 매일 목욕을 시키는 편이다. 목욕당번인 나의 주장(잦은 목욕이 피부 건조를 유발한다는 잔꾀 섞인 항변)으로 가끔 건너뛰는 경우가 있지만 대체적으로는 기준을 따르는 편이다. 육아에서 다른 부분은 건너뛰더라도 아이들의 목욕만큼은 아빠가 해주는 것을 강력히 추천한다. 목욕이라는 과정을 통해 아이에 대해 알게 되는 사실들도 많고 우리가 스킨십이라 부르는 것처럼 목욕하는 과정에서 오가는 감정적 교류가 육아휴직 초기에 아이들과의 유대감 형성에 큰 도움이 되기 때문이다.

취침 전 놀이 및 학습

목욕은 수면의식 중의 하나로 자연스럽게 잠자리로 이어진다. 목욕 후 첫째와 셋째 아이는 자기가 원하는 책을 골라오게 해서 읽어주거나 학습지를 조금 풀고 나면 쉽게 잠에 빠져든다. 반면, 둘째는 불을 끄고 잠자리에 눕히면 잠들기는 하지만 어지간해서는 엄마의 퇴근 시간을 한없이 기다리는 편이다.

대부분의 육아 연구들을 보면 잠들기 전에는 가급적 신체적으로나 정신적으로 자극을 주지 않는 편이 좋다고 한다. 그래서 과격한 신체놀이나 동영상 시청 등의 시각적인 자극은 최소화하려고 노력하는 편이다. 하지만 상황에 따라 때로는 유튜브 등 동영상의 도움을 받기도 하는데, 수면의 질을 측정해 본 적은 없지만 우려와 달리 곧잘 잠에 잘 빠져드는 편이다. 개인적으로 얻은 결론은 너무 빈도가 잦지만 않다면 육아 상황에 따라 여러 가지 방법을 활용하는 것도 도움이 되는 것 같다. 일부 원칙에 너무 얽매이다 보면 자칫 육아 스트레스가 되기 쉽다. 뿐만 아니라 부모와의 약속을 통해 스스로 조절할 수 있는 능력을 기르는 측면에서도 아이가 원하는 것을 무조건 제한하기보다는 대화와 약속을 통해 스스로 조절할 수 있도록 지도하는 편이 더 효과적이지 않을까 생각한다.

아빠와 함께하는 목욕 시간

애착 관계와 친밀감 형성에 더할 나위 없이 좋은 목욕

앞에서도 얘기했듯이 아이와 함께하는 일과 중에 특히 목욕만은 아무리 바쁘더라도 아빠가 함께하는 것을 추천한다. 아빠와 함께하는 목욕은 아이와의 친밀감 상승이나 애착 관계 형성 등 많은 장점을 가지고 있기 때문이다. 이제부터 내가 휴직 기간 동안 아이들의 목욕을 전담하면서 느낀 점들에 대해 이야기해보겠다.

아이들은 활동성에 비해 아직은 조절 능력이 떨어지기 때문에 여기저기 다치는 경우가 많고 먹을거리나 특정 물질에 대한 반응을 피부로 보여주는 경우도 많다. 아이의 이곳저곳을 씻기다 보면 옷을 입고 있을 때는 보이지 않던 상처나 발진 등을 빨리 파악할 수 있다. 한 번은 아직 말이 서투른 20개월 된 셋째의 머리를 감기는데 자꾸 '아야, 아야!'라는 말을 반복했다. 살펴보니 머리카락 속에 숨은 상처가 있었다. 이 밖에도 발진이나 피부 알레르기 증상 등 아이의 몸이 보내는 여러 가지 신호를 목욕을 통해 알 수 있다.

아이 성향에 따른 목욕법은 따로 있다

사실 세 아이를 목욕시키는 것이 쉬운 일은 아니다. 그것도 매일 반복해서 하다 보면 아빠도 사람인지라 지치게 될 수도 있다. 특히, 목욕을 극도로 싫어하는 아이거나 아이의 컨디션이 좋지 않은 날은 아무리 베테랑 부모라도 고생을 하기 마련이다. 그런 측면에서 아이의 목욕을 아빠가 엄마와 나누거나 아빠가 전담해주는 것만으로도 육아에 큰 도움이 될 수 있다.

우리 집 장난기 많은 둘째는 목욕 중에도 끊임없이 몸을 움직이며 장난을 친다. 이럴 때는 가만히 좀 있으라는 야단을 듣기가 쉽지만, 나는 야단 대신 아이가 좋아하는 '파워레인저'를 자연스럽게 접목시킨다. 거품이 악당의 무기로, 또 그 거품을 온몸에 바르면서 공격당한 것이라 여기게 한다. 그리고는 물로 거품을 씻어내며 악당의 공격을 이겨냈다거나 더 강해졌다며 이야기를 이끌어 간다. 또는 캐릭터 수건을 활용해 수건과의 대화를 유도하면서 몸을 닦아주는 방법을 활용한다. 목욕할 때 아이의 장난이 심하면, 일반적으로 엄마들은 목소리가 점점 높아지게 된다. 그렇지만 아빠는 기질적으로 아이의 행동을 관찰하거나 약간은 방관하는 경향이 있어 장난을 어느 정도 수용하며 목욕을 시킬 수 있는 것 같다. 게다가 직장 일 때문에 아이들과 함께하는 시간이 제한된 경우라면 아빠는 목욕에 상대적으로 큰 의미를 부여하기에 이러한 성향이 더 강화될 가능성이 높다. 결국, 아빠의 목욕 전담은 엄마의 육아 부담을 덜어주고 아빠는 양육에 참여한다는 뿌듯함을 심어준다. 게다가 아이들과의 유대감을 높일 수 있으니 서로가 만족할 수 있는 육아 분담이 아닐까?

또한, 단순히 목욕만으로 끝나는 것이 아니다. 목욕 후 아이에게 로션을 발라주며 아이의 몸 이곳저곳을 자연스럽게 마사지하고, 옷을 입히면서 아이의 성장을 간접적으로 깨달을 수도 있다. 옷이 줄어든 만큼 아이가 성장했다는 의미이기 때문이다. 옷을 갈아입혔는데 소매 밖으로 팔이 한참 더 나와 있는 경우, 넉넉해진 배를 감싸다 보니 상의와 하의 사이에서 자연스럽게 노출되는 뱃살을 보면서 저절로 미소 짓게 된다. 그러면서 '벌써 이만큼이나 자랐나?' 하는 생각에 손과 발을 만져보고 아이의 손을 내 손에 포개보기도 한다. 그렇게 아이는 매일매일 조금씩 자라고 있고, 그것을 목욕을 통해 직접적으로 느낄 수 있는 것이다.

아이와 애착 관계를 형성하기 위한 첫 단추로 놀이와 목욕이 가장 좋은 방법이다. 아이가 즐거워할 수 있고 원하는 놀이를 함께하다 보면 아빠를 자연스럽게 찾게 되고 아빠에 대한 애착이 커지면서 긍정적인 이미지를 가지게 되는 것 같다.

우리 아이 목욕 준비

아무래도 신경이 많이 쓰이는 겨울철 목욕을 기준으로 설명하겠다.

① 욕실 따뜻하게 데우기

먼저 아이들은 월령이 어릴수록 체온 조절 능력이 떨어지므로, 목욕 전에는 욕실을 따뜻하게 해주는 것이 필요하다. 다양한 욕실용 난방 기구가 시중에 판매되지만, 개인적으로 전구 타입보다는 PTC 계열의 히터를 추천한다. 아무래도 전구 타입은 불빛 아래에서는 따뜻함을 느낄 수 있고 전력 소모도 적지만, 욕실 전체를 데우는 능력은 부족하다. 굳이 별도의 난방 기구를 동원하지 않더라도 나이순으로 목욕하면 가장 어린 막내가 목욕할 때쯤이면 욕실이 훈훈해져 있어 추위를 적게 느낄 수 있으므로 참고하면 되겠다. 만약 별도의 난방 기구를 사용한다면 수건이나 갈아입을 옷, 혹은 로션까지 온기에 노출되게 해두면 목욕 후 로션을 발라주거나 옷을 입힐 때도 온도 차에 따른 거부감을 줄일 수 있다.

② 목욕 장난감 준비하기

장난감 없이 목욕하기도 하지만, 아이들의 기분이란 그때그때 달라서 만약을 대비해 목욕 장난감을 준비하는 것이 좋다. 우리 집 첫째와 둘째는 재미있는 이야기나 장난만으로도 충분히 목욕할 수 있지만, 막내는 아직 제대로 된 대화가 불가능해서 가끔 캐릭터 목욕 놀이 용품과 유튜브의 힘을 빌릴 때가 있다. 이때도 목욕 시간이 불필요하게 길어지면 감기에 걸릴 수 있으므로 목욕 자체에 집중하는 것이 바람직하다.

목욕을 놀이로 생각하게 만들어라

목욕을 일종의 놀이로 인식하도록 유도할 필요도 있다. 수면 의식을 통해 자연스럽게 수면으로 유도하듯이 목욕도 사전에 일정한 의식을 반복한다면 아이를 보다 수월하게 욕실로 이끌 수 있다. 유아기 이후의 아이들은 목욕 후 자신이 원하는 놀이나 바람을 들어주는 것으로도 충분하지만, 영아기 아이들은 캐릭터 장난감을 보러 가자고 말하거나 목욕 중 가지고 노는 손 놀이 도구를 쥐어주는 등의 노력이 필요하다. 뿐만 아니라 목욕을 끝마친 후 칭찬의 의미로 안아주는 등의 스킨십을 한다면 목욕의 긍정적 습관화를 기대할 수도 있다. 단, 너무 잦은 보상의 남발은 목욕을 당연히 해야 할 일과가 아닌 보상을 위한 수단으로 오해할 수 있으므로 부모의 적절한 조절이 필요하다. 손 씻기와 목욕 같은 반복 일과는 어디까지나 당연히 해야 할 일로 습관화시키는 것이 중요하다.

우리 아이 목욕시키기

① 아이의 성향에 맞춰 욕실로 이끌기

아이를 욕실로 이끄는 방법은 다양하다. 우리 집에서는 아이들에게 아침에 일어나면 학교(어린이집) 갈 준비, 저녁에는 잠잘 준비를 마치는 것이 엄마, 아빠를 도와주는 일이라고 반복해서 설명해준다. 그러다 보니 초등학교에 다니는 첫째는 어느 정도 이해하고 따르는 편이다. 둘째는 기질적으로 유혹에 약하고 감정 조절이 부족한 탓에 아이가 원하는 놀이 등의 활동을 목욕 후로 제안하는 방법을 택할 때가 많다. 막내는 예전에는 욕실에 안고 들어갔었지만, 지금은 목욕 장난감이나 '엉덩이 아야~ 하니까 씻자!' 등의 말로 유혹하는 단계에 접어들었다. 아이가 목욕을 좋아해서 자연스럽게 진행되면 더할 나위 없이 좋겠지만 그렇지 않은 경우가 대부분이다. 따라서 그때그때 상황에 맞게 융통성 있는 방법을 사용하는 것이 좋다.

② 목욕에 놀이 접목하기

일단 아이를 욕실로 이끌었다면 옷을 벗는 동작 하나하나에도 유희와 놀이를 접목해보자. 단순하게 팔을 뺄 때도 '슈웅! 슈웅!' 하거나 상의를 벗길 때 '까꿍' 놀이를 해주는 것만으로도 아이를 웃게 할 수 있다. 여기까지 왔다면 이제 목욕 스킬이 빛을 발할 시간이다. 대부분의 아이들이 민감하게 받아들이는 것은 물의 온도와 얼굴에 물이 흘러내리는 것, 두 가지의 경우다.

③ 목욕물 온도 맞추기

지역난방이냐 개별난방이냐에 따라 차이는 있지만, 물 온도를 일정하게 맞추는 것이 첫 번째다. 지역난방인 가정은 상대적으로 일정한 수온을 유지하기 쉽지만, 개별난방은 보일러의 특성상 온수를 지속적으로 사용하지 않으면 보일러가 작동을 멈춰 곧 냉수가 나오기 쉽다. 다소 낭비로 느껴질 수도 있지만 물을 계속 흘려보내는 것이 수온을 유지하는 방법이다.

④ 비누칠 하기

물 온도가 맞춰졌다면 다음은 비누칠이다. 영아라면 한쪽

팔 위에 아이를 눕히거나 샴푸의자를 활용하고 유아는 욕조 상단을 잡고 서게 하거나 동일하게 샴푸의자를 활용한다. 경우에 따라서는 부모가 욕조에 들어가 무릎을 굽힌 자세로 앉은 다음 허벅지 위에 아이를 눕히고 목욕을 시키는 방법이 있지만 아빠가 물에 젖으면 아이를 닦이고 옷을 갈아입히는 과정이 번거로워져서 나는 이 방법을 자주 애용하지는 않는다.

각 상황에 맞게 방법을 취하되 가능하면 서서 비누칠을 하는 게 여러모로 편리하다. 몸의 전면 혹은 후면을 먼저 씻기고 손은 될 수 있으면 가장 마지막에 비누칠을 하는 게 좋다. 자칫 아이가 손으로 얼굴이나 눈을 비비게 되면 비누기로 괴로워할 수 있기 때문이다. 비누칠 할 때 신경 써야 할 부분이 있는데, 아이의 목이나 겨드랑이 그리고 손가락 사이 등은 먼지나 때가 발생하기 쉬우므로 세심하게 씻겨야 한다. 허벅지 사이는 잦은 대소변으로 자극을 받기 쉬워 비누칠 외에도 신경을 써주는 것이 좋다.

⑤ 머리 감기기

비누칠까지 무사히 마쳤다면 이제는 대망의 머리 감기다. 서서 머리를 감거나 샴푸의자를 사용하는 경우, 가장 중요한 것은 얼굴로 물이 흘러내리지 않도록 잘 막아주는 것이다. 어린이 샴푸 캡 혹은 이어 캡을 사용하거나 손바닥으로 이마에 모자챙을 만들어 머리를 헹군 물이 얼굴로 흘러내리지 않도록 해주는 것이

포인트다. 서서 머리를 감을 수 있고 말이 통한다면 고개를 뒤로 젖히도록 유도하면 된다. 만약 말이 통하지 않는 유아라면 아이가 좋아하는 영상이 나오는 스마트폰을 욕실환기창이나 높은 곳에 두고 아이의 눈높이를 자연스럽게 높여준다. 이렇게 하면 아이는 억지로가 아닌 자연스럽게 고개를 들고 서 있게 된다.

나는 머리 감기에서 가장 중요한 것은 헹굼이라고 생각한다. 샴푸를 콩알만큼 손바닥에 덜어낸 다음 먼저 문질러 거품을 낸 후에 머리를 감겨주는 이유도 두피에 자극을 줄이고 헹굼을 좋게 하기 위함이다. 사실 아이들은 물로만 씻겨도 충분히 깨끗한 편이지만, 그래도 샴푸 사용을 선호한다면 최소화하는 것이 아토피 등 피부 건강에 도움이 된다.

헹굼까지 마쳤다면 이제 남은 것은 수건으로 닦아주고 로션을 바르고 옷을 입히는 일이다. 이것은 특별히 노하우가 필요한 것은 아니라 생략한다. 머리가 젖은 상태에서는 감기에 걸리거나 두피 질환이 발생할 가능성이 높으므로 일찍 목욕을 해 잠자리에 드는 시간까지 자연스럽게 머리가 마르게 하거나 헤어드라이어로 말려준 다음 잠자리에 들게 하는 것이 좋다는 점만 기억하면 되겠다.

이제 모든 목욕을 마쳤다면, 꼭 추천해주고 싶은 습관 하나가 있다. 목욕을 마친 아이를 수건으로 닦아준 다음 꼭 안아주는 것이다. 처음에는 목욕 후 아이가 잠시 추워했고 뽀얗고 통통한 아이의 피부가 귀엽게 보여서 무심코 안아주었지만, 그것이 반복되다 보니 이제는 목욕이 끝나고 수건으로 닦아주면 당연히 아이가 먼저 아빠를 안아준다. 그 느낌은 아이 셋을 목욕시키는 수고와 하루의 피곤을 날려버리는 뿌듯함과 맞먹는 것 같다. 아빠라면 모름지기 느껴봐야 할 느낌이 아닐까?

아빠의
가성비 육아

육아용품 가성비 VS 가심비

육아에도 색깔이 있을까? 육아라는 목적을 달성하기 위한 과정은 부모의 다양한 가치관과 개성을 담고 있어 그 특징이 고스란히 육아에서 나타난다고 생각한다. 그렇기에 엄마냐 아빠냐의 차이보다는 부모가 가지는 기질의 영향을 받는 것이 일반적이지만, 그럼에도 대체적으로 아빠는 가성비 육아를, 엄마는 가심비 육아를 지향하는 것 같다.

대부분의 아빠는 육아용품의 기능과 가격에 집중하는 경우가 많은데, 육아용품을 고를 때 사용자 중심의 가격 대비 성능을 따지게 된다. 반면 엄마들은 육아 모임이나 친교 활동을 통해 다른 사람과 비교하는 경우가 상대적으로 잦다 보니 브랜드나 디자인 등 주변인 혹은 관찰자의 시선을 의식하는 경향이 강한 편이다.

그런데 성장이 빠른 영아기나 유아기에는 육아용품의 교환이나 교체 주기가 빠른 편이다. 그러다 보니 사용한 육아용품을 중고물품으로 거래하는 경우가 많은데, 이 또한 세대와 지역에 따라 중고 육아용품의 거래 활성화가 차이 난다. 우리 집도 첫째가 어릴 때만 해도 다양한 육아용품을 자주 사고팔았던 경험이 있다. 그렇지만 최근에는 맞벌이 가정도 늘고 부모가 아이의 물건을 사더라도 하나뿐인 아이의 육아용품만은 새것으로 사주고 싶어 하는 일종의 '스몰 럭셔리'를 추구하는 엄마들이 많아졌다. 엄마들의 트렌드에 따라 일부 고가품이나 교환 주기가 빠른 용품을 중심으로 거래 문화가 변화하고 있다는 것을 느낀다. 다행히 아내는 아이 셋을 키우다 보니 중고물품이나 물려받는 것에 대한 거부감이 적은 편이다. 나 또한 어린 시절을 되돌아보았을 때 5세 이전의 기억은 사진을 제외하고는 별로 남아 있지 않다는 생각에 중고물품 사용을 크게 터부시하지는 않는다. 모든 부모는 자신의 아이에게 새것, 좋은 것을 해주고 싶은 마음을 가지고 있다. 하지만, 가성비 측면에서 보자면 중고 활용은 최고의 대안이 된다.

요즘은 인터넷 기반의 중고거래 사이트뿐만 아니라 앱과 위치 기반의 중고거래 수단이 많아졌다. 손쉽게 '당근마켓'이나 '번개장터' 혹은 '중고나라' 등을 통해 육아용품을 사고팔 수 있다. 단순히 물품 거래로 그치는 것이 아니라 거래를 통해 만나서 이야기를 나누다 보면 여러 가지 유용한 정보나 조언도 얻을 수 있다는 장점이 있다. 예를 들어 나는 첫째를 위한 전집을 중고로 저렴하게 구매하면서, 이미 전집이 필요 없어진 초등학교 교육을 마친 육아 선배인 판매자에게 팁이나 조언도 들을 수 있었다. 그 판매자는 나와 이야기를 나누는 과정에서 호감과 공감을 느꼈는지 그로부터 전집 한 세트를 덤으로 받는 행운까지 경험했다. 둘째의 파워레인저 장난감을 구매하면서는 유튜브 방송을 하는 판매자를 만나 새것 같은 상태의 풀세트를 반값 이하에 구매하기도 했다.

중고거래로 우리 아이 경제습관 만들어주기

나는 중고거래로 절약한 생활비나 아이들의 용돈은 아이들의 미래를 위해 교육통장에 적립하고 있다. 그런데 중고거래가 단순히 비용 절감에만 그치는 것은 아니다. 나는 지역 내 다양한 가정을 방문하고 가족들을 만나면서 아이들의 사회성과 예절 그리고 소비나 경제관념이 자리 잡아가는 것을 중고거래를 통해 느꼈다. 처음 만나는 사이인데도 판매자인 아이는 스스럼없이 자신이 가지고 놀던 장난감에 대해 열심히 설명하고, 또 그것을 구매하려는 아이는 귀 기울여 이야기를 듣고는 돈을 예쁜 봉투에 곱게 담아 건네는 모습을 보면서, 바로 이런 것이 살아 있는 교육이라 생각했다.

그래서 중고거래는 단순히 사고파는 것으로 끝나지 않고, 판매 과정을 통해 아이가 인생을 경험하는 계기가 된다. 그런 확신 덕분에 나는 아이들과 함께 지역 행정복지센터에서 운영하는 장터에서 중고물품을 판매하기도 했고, 온라인 중고 장난감 판매를 위해 유튜브에 아이들과 직접 촬영한 장난감 놀이 동영상을 올리기도 했다. 요즘은 직접 놀이를 하는 것보다 유튜브에 업로드 된 장난감 놀이 동영상에 집착하는 아이들이 점점 많아지고 있다. 우리 아이들 역시 비슷한 성향을 가지기도 했었지만, 자신이 직접 나오는 동영상이 유튜브에 올라가는 것이 신기해서인지 요즘은 동영상 촬영에 더 많은 관심을 가지고 있다. 그래서 아이들이 스스로 시나리오 작성과 연출을 하는 등 기존의 콘텐츠 소비자의 입장에서 생산자의 입장으로 변화했다. 즉, 무언가 스스로 해내는 성취감을 가질 수 있다는 게 큰 장점이라고 생각한다. 여기에 대해서는 뒤에서 더 자세히 언급하도록 하겠다.

중고거래로 작은 나눔의 기쁨도 배운다

일부 판매가 어려운 중고 물품은 지역 사회에 기부하거나 나눔을 하는 방법도 있다. 어떤 면에서는 버리는 것이 더 쉬울 수도 있지만, 아이들과 함께 나눔이나 기부를 하다 보면 자신이 사용하고 있는 물품이나 옷을 다음에 누군가가 사용할 수도 있다는 마음에 조금 더 소중히 다루는 모습도 보인다. 작은 나눔의 실천이 남을 배려할 줄 아는 마음이 따뜻한 아이로 성장하는 길잡이가 되어주지 않을까? 그래서인지 첫째는 소아암 친구를 위한 가발 제작에 머리카락을 기부하기도 했다. 이외에도 아이들이 하원하고 여유가 있을 때 가까운 헌혈의 집을 방문해 아이들이 간접체험을 할 수 있도록 기회를 제공하고, 헌혈 후 아이들과 꿀맛 같은 간식을 나눠 먹는 등 둘러보면 아이들과의 추억을 만드는 동시에 도움과 배려라는 새로운 행복을 찾게 해줄 수 있다.

아빠 육아의 최대 난관, 요리 스트레스

육아휴직을 하면서 느꼈던 가장 큰 스트레스 요인이 바로 요리였다. 앞서 이야기한 것처럼 아빠가 집에 있으니 그래도 아이들의 저녁은 잘 먹여야 한다는 생각이 나에게는 큰 부담이었다. 물론 좋은 식재료로 맛있고 영양 있는 음식을 아이들에게 먹이는 것은 중요하다. 하지만 아빠의 지속 가능한 스트레스 없는 육아가 그보다 더 중요하다. 특히 이 부분에 관해 아내와 많은 대화와 고민을 나누었다.

엄마가 여유가 있다면 주말이나 휴일에 미리 밑반찬을 준비해주고 아빠는 간단한 국 등의 요리만 더해서 먹어도 되고, 온라인이나 오프라인 매장에서 아이용 밑반찬을 사서 활용해도 된다. 그리고 적어도 점심 한 끼는 학교나 어린이집에서 영양 잡힌 식사를 하기 때문에 저녁 식사에 대한 책임감을 조금은 덜 수 있다. 그런데 이러한 이유로 아빠가 스트레스를 받으면 육아에 대한 자신감을 잃기 쉽다. 이는 오히려 더 큰 손실이 될 수 있음을 알아야 한다.

중요한 것은 음식의 준비가 아니라 식사 그 자체에 있다. 아빠가 때때로 해주는 인스턴트 음식보다 더 나쁜 것이 학교 앞 가게에서 파는 과자들이다. 아니, 대부분 과자가 우리 몸에 유익하지 않다. 만약 아이들을 평생 따라다니며 과자를 끊게 할 수 없다면 오히려 바람직한 식습관을 기르도록 도움을 주는 것이 더 나은 역할일 것이다. 아이가 과자를 찾지 않게 허기를 느낄 때마다 집밥을 챙겨주는 것, 아이가 섭취한 그날의 음식을 보고, 부족한 영양을 더 섭취할 수 있도록 돕는 것이 실익이 크다고 하겠다.

균형 잡힌 식사보다 중요한 식사 습관 키우기

영양의 균형이 잡힌 식사를 하는 것 외에 아이에게 더욱 중요한 것은 식사 습관이다. 이 식사 습관은 평생을 따라다니기 때문에 어려서부터 습관을 형성하는 것은 매우 중요하다. 아빠와 함께하는 저녁만이라도 TV나 스마트폰 없이 식사할 수 있도록 습관을 잡아 온전히 식사에만 집중할 수 있도록 해주는 것, 혹은 아빠와 함께 요리 재료를 준비하고 조리하면서 음식의 소중함과 호감을 느끼도록 도와주는 것이 더 의미 있다고 생각한다. 그리고 아이들에게 올바른 습관을 기를 수 있는 계기를 마련해 주기도 한다.

물론, 이상과 현실의 괴리는 어디든 존재한다. 학원에서 혹은 어린이집에서 돌아온 아이가 배가 고프다며 보채면 사실 빵이나 과자 외에 바로 준비해 줄 수 있는 것이 많지 않다. 그래서 나는 냉장고에 대체 가능한 조리 식품들을 일정량 비축하고 있다. 생면으로 만든 우동이나 주먹밥을 만들 수 있는 재료 등은 아이들 식사 준비에서 유용한 '플랜 B'(예비수단)다. 요리는 도전하면 할수록 익숙해지는 부분이며 그 과정에서 아이들의 입맛도 조금씩 알아가게 된다.

아이를 이해한다는 것은 아이의 관심사와 생각 그리고 입맛을 포함한 기호도 알아간다는 뜻이기에 자녀와 연관된 모든 활동에 두려움을 갖기보다는 자신감을 가지고 도전해보자.

경제적인 관점에서도 성장이나 소아비만, 충치 등 건강상의 문제로 발생하는 지출과 간식 비용 등을 고려하면 건강한 식재료로 장을 보고 그것으로 식사와 간식을 준비하는 것이 장기적으로는 이익이 된다. 이런 경험들이 쌓이다 보면 냉장고에 남은 식재료로 만들 수 있는 메뉴가 점점 늘어나 요리의 내공이 깊어짐을 느낄 수 있다. 이를 통해 냉장고에서 쓰레기통으로 직행해 낭비되는 식재료도 줄일 수 있고, 간식을 줄이면 자연스럽게 식사에 집중하게 되고, 식사의 중요성이 커지면서 아이들의 식사 습관도 달라질 수 있다. 허기는 아이들의 식욕을 돋우는 최고의 반찬이기 때문이다.

소중한 내 아이를 위해서라면 무엇이라도 해주고 싶은 것이 부모의 마음이다. 하지만 현실은 마음 같지 않아서 적절한 차선책을 고민할 수밖에 없다. 물질적 풍요를 제공하기 위해 원하는 것을 무조건 해주는 것, 절약을 최고의 원칙으로 내세우는 것, 모두 저마다 분명한 이유가 있지만 이 사이에서 현실적 대안을 선택할 수밖에 없는 것이 현실이다.

'가성비 육아'라 칭한 중고용품 활용이나 요리 실력 없는 아빠의 스트레스를 줄여주는 식사 준비가 모든 경우에 적절한 답안이 될 수는 없겠지만, 이러한 과정을 통해 더 많은 선택 가능한 옵션을 가질 수는 있을 것이다. 아이 한 명을 키우는데 3억 원이 든다는 비관적인 주장에도 불구하고 이 가성비 육아는 넉넉하지 않은 맞벌이 부부가 아이를 셋이나 양육할 수 있는 방법이기도 하다. 또한 이렇게 절약해 쌓은 아이들의 교육적금이 언젠가 아이들의 미래에 유용하게 사용될 종잣돈이 될 것이라 믿는다.

아빠여서 할 수 있는 최고의 놀이

아이의 자율성을 존중하는 아빠 육아

아빠가 육아를 하면서 얻게 되는 이점은 무엇일까? 일부 예외적인 경우를 제외하고 아빠들의 육아에서는 세심함이나 꼼꼼함은 다소 부족한 것이 사실이다. 그렇지만 그 대신 아이의 자율성을 존중한다거나 제3자의 관점에서 접근하려는 경향은 있다. 엄마는 아이를 보호하고 지켜야 할 대상으로 인식하기에 아이에게 선택의 권한을 주기보다는 엄마의 생각대로 이끌어 나가려는 경우가 많다. 목욕이나 양치질을 할 때도 나는 아이를 붙잡고 '목욕하러 갈까?', '아빠랑 양치 같이 할까?' 하며 아이의 의사를 묻고 때로는 설득하려고 한다. 그런 내 모습을 보면 아내는 '그냥 안고 가서 하지 뭐하러 시간을 끌고 있어요?'라며 핀잔을 던질 때가 많다. 아내의 말도 틀린 것은 아니지만, 아이들의 나이가 어느 정도 대화가 통하는 시기라면 시간이 다소 걸리더라도 아이에게 묻고 대답할 수 있는 경험의 기회와 판단의 시간을 주는 것이 더 좋은 방법이라 생각한다.

아이의 성장을 돕는 균형 잡힌 놀이

나를 포함한 대부분의 아빠는 아이들과의 신체놀이를 선호한다. 아이와 땀 흘리며 함께 움직이면 아빠라는 자긍심과 아이에 대한 애착이 엔도르핀처럼 솟는 것이 느껴진다. 아이와 끊임없이 대화하며 교감하려는 엄마들이 선호하는 놀이는 소꿉놀이처럼 정해진 공간에서의 역할 놀이가 대부분을 차지한다.

아이를 위해서는 어떤 놀이가 바람직할까? 정답은 둘 다 필요하다. 우리 몸이 영양을 골고루 섭취해야 성장하듯이 아이의 마음도 다양한 활동을 통해 성장한다. 아이와 몸으로 놀아주는 아빠들을 보며 위험하다고 말리는 엄마들도 많은데, 그런 과정을 통해 아이의 조절 능력과 균형 감각 등의 신체 기능이 발달하고 사회성이 길러지는 만큼 사소한 부상은 너그러운 마음으로 이해하는 것이 좋겠다.

아이들을 마냥 보호의 대상으로 한정하고 활동을 제한해 위험(부상)으로부터 지키려는 과거의 양육 방침은 다행히 변화되고 있다. 순천의 '기적의 놀이터'나 런던 켄싱턴 가든에 있는 '다이애나 공주 놀이터(Princess Diana Playground)' 등의 놀이 공간을 보더라도 과거의 시각에 대한 새로운 변화의 시도가 이루어지고 있다. 즉 "조절되지 않고 통제되지 않은 바깥세상에서 아이들이 위험에 노출되는 것보다는 위험에 대한 판단력을 기를 수 있도록 조절된 놀이 환경에서 의도적으로 위험 요소가 제공"되고 있는 것이다.

사실 아빠여서 아이와 할 수 있는 최고의 놀이는 아빠와 하는 모든 활동이라고 할 수 있다.

▲ 순천 기적의 놀이터

▲ 켄싱턴 가든 다이애나 공주 놀이터

아빠와 함께하는 것만으로도 아이는 용기를 얻는 경우가 많다. 아빠에게 인정받기 위해 혹은 아빠를 역할 모델(Role Model)이나 잠재적인 경쟁자로 인식하기 때문이라는 것 등 이유는 다양하지만, 도전이나 모험은 아이와 아빠의 관계에 자주 등장하는 요소 중의 하나다.

놀이터에서 아이와 놀아주는 부부의 모습을 살펴보면 이런 차이는 더욱 뚜렷하게 나타난다.

엄마는 안전을 최우선에 두고 아이가 노는 모습을 곁에서 지켜보는 관찰자의 역할을 자처한다. 하지만 아빠는 아이와 미끄럼틀을 함께 타고 자신이 어렸을 때 했던 놀이를 아이와 함께 해보기도 한다. 때로는 아이와 놀고 있다는 사실도 망각한 채 승부욕에 불타는 아빠를, 아이보다 더 신이 난 아빠를 본 적도 있다.

일상의 모든 것이 놀이의 소재가 된다

나 역시 놀이터뿐만 아니라 운행 중인 자동차의 자가 정비를 할 때도 아이들과 함께한다. 기차와 자동차 등 운송수단은 아이들이 자라면서 가장 관심을 가지는 대상이기도 하다. 그러나 대부분의 아이는 운송수단의 겉모습만 보기 때문에 내부를 볼 기회는 거의 없다. 하지만 어릴 때부터 자가 정비를 위해 들어 올린

차량의 아랫부분이나 엔진룸을 보고 자란 아이는 차에 대한 관심과 이해가 남다르다. 한번은 자동차를 워낙 좋아해 TV에 출연한 아이를 본 적이 있다. 다른 아이들이 자동차의 외관을 그리는데 치중할 때, 그 아이는 엔진부터 그리고 있었다. 바로 아는 만큼 보인다는 것은 이를 두고 하는 말일 것이다.

3년 정도 내 곁에서 오일 교환 등, 자가 정비를 지켜본 둘째는 다섯 살임에도 차에 대한 관심과 의문이 많다. 나도 그런 둘에게는 알고 있는 한도 내에서는 설명을 하려고 노력하는 편이고 정비를 함께하고자 하는 욕구도 있어 공구 등 간단한 심부름을 부탁한다. 한번은 봄맞이 에어컨 필터를 교체하기 위해 엔진 후드(보닛)를 열었는데, 라디에이터의 상부 누수를 아이가 발견하고 알려주기도 했다. 만약 누수를 발견하지 못하고 상황이 악화되었다면, 주행 중에 엔진 후드(보닛)에서 연기(수증기)를 내뿜으며 도로 위에 설 수도 있는 고장이었다. 자동차에 관심을 가진 둘째 덕분에 조기에 발견해서 적은 비용으로 수리할 수 있었다.

▲ 둘째와 자가 정비(저자 블로그)

엄마 육아를 완전하게 해주는 아빠 육아

아내가 육아휴직을 했던 기간을 살펴보면 어린아이를 데리고 외출을 하거나 모임에 참가하는 경우를 거의 보지 못했다. 감기나 유행성 질병에 대한 걱정 때문에 외출도 삼가는 것이 엄마들의 마음이라고 할 수 있다. 반면 나는 아직 두 돌도 되지 않은 셋째를 포함해 세 아이를 모두 데리고 봉사 모임에 참석하기도 했다. 아이들은 장애인들이 거주하는 낯선 장소에서 몸이 불편한 사람들뿐만 아니라 봉사자들을 포함한 그들의 자녀와 어울리면서 평소 접하기 어려웠던 우리 사회의 소외된 사람들에 대해 알게 되었다. 그리고 참석한 여러 아이와 어울리면서 사회성을 기를 수 있는 기회가 되었다.

물론 모임에 참석하고 싶은 나의 지극히 이기적인 마음이 발단이 된 일이기는 하지만, 나뿐만 아니라 관심 있는 모임에 참석하기 위해 아이를 동반하는 아빠들을 종종 관찰할 수 있었다. 어찌 보면 이런 현상은 남자들의 공통된 점이 아닌가 생각한다. 이처럼 남자들은 의도했든 의도하지 않았든 간에 아이를 더 큰 세상으로 인도하는 길잡이가 되어주는 경우가 많다.

아빠와 관련된 책들을 읽다 보면 많은 사람에게 아버지는 산과 같은 존재였다는 표현을 자주 볼 수 있다. 늘 변함없이 그 자리에 있을 것 같은 거대한 산의 모습, 산에서 보고 배우는 자연과 삶, 아낌없이 나누어주는 산의 넉넉함 그리고 정상을 향한 정복의 의지를 갖게 해주는 존재처럼 말이다. 이렇게 책에서 종종 묘사되는 아버지의 모습이 우리들의 아버지 모습이라 생각된다.

부부, 서로의 육아 방법을 존중해라

이렇게 아이는 아빠와 함께 경쟁과 도전 그리고 사회성을 익힌다. 엄마와 아빠는 성장한 배경과 경험이 다르다. 그러니 엄마의 경험과 판단만으로 아빠의 육아 방식을 섣불리 재단하는 실수는 하지 말아야겠다. 자칫 이런 오판은 육아에 적극적으로 참여하고자 하는 아빠의 의욕을 꺾어버릴 수 있기 때문이다.

아빠 역시 놀이의 방법을 고민하느라 소중한 시간을 낭비하지 말고 몸과 마음이 시키는 대로 아이와 즐거운 시간을 보내는 것에만 집중하자. 이미 당신이 자라온 과거의 경험과 내면에 잠재된 무의식 속에 해법은 담겨 있다. 아이와의 놀이에 집중하다 보면 더 나은 방법에 대해 고민하기도 하고 우리 아이에게 맞는 자신만의 노하우를 습득하기도 하며, 그런 과정에서 필요한 정보를 찾는 적극성을 가지기도 한다. 육아는 미리 사고하고 행동하기보다 때로는 즉흥적이고 실천이 필요한 부분이 많다.

누군가에게 보여줘야 할 것처럼 충분히 멋지지 않아도, 다양하지 않아도 아이는 아빠와의 놀이에 만족하고 즐거워한다. 놀이를 통해 만족시키고자 하는 대상은 아빠 자신도, 지켜보는 제3자도 아닌 눈앞에 있는 아이다. 놀이는 아이를 즐겁게 만드는 도구일 뿐만 아니라 아빠와 아이의 관계를 더욱 견고하게 이어주는 수단이므로 늦었다고 생각하지 말고 아이와 함께 무엇이든 지금 당장 시작해보기 바란다.

줄어드는 통장 잔액, 아르바이트라도 해야 할까?

경제적인 대비가 필요한 육아휴직

용기와 결단을 가지고 육아휴직에 도전했지만, 막상 경제적인 부분을 마주할 때면 답답한 마음이 들 수밖에 없다. 고용보험공단에서 육아휴직 수당이 매달 75만 원(25만 원은 복직 6개월 후 지급)이 지급되지만 맞벌이의 소비 구조에 이미 적응해버렸기 때문에 그 간극을 줄여가는 것이란 쉽지 않았다. 그래서 줄어드는 통장의 잔액을 보고 있노라면 한숨과 염려가 들기 마련이다.

고정관념이란 알게 모르게 큰 영향을 미친다. 육아를 위한 잠깐의 휴직이고 복직할 곳이 있지만, 휴직 중에는 왠지 가장의 역할에 충실하지 못한 것이 아닌가 하는 걱정이 마음 한구석을 파고든다. '아빠가 가족을 위해 돈을 벌어야지'라는 고정관념에 나도 모르게 사로잡혀 아이를 위해 휴직을 했더라도 아이 보는 시간 외에는 조금이라도 가정 경제에 보탬이 되기 위해 아르바이트라도 해야 하지 않을까 하는 생각이 끊임없이 머릿속을 파고든다. 우리 사회가 아직은 가정의 경제는 아빠가 책임지는 것이라는 전제를 굳건하게 유지하고 있는 탓에 어느새 우리의 사고도 굳어진 것만 같다.

나는 육아휴직을 위해 이미 경제적인 대비를 해 오기는 했지만, 막상 휴직을 앞두고는 부업을 고민해보기도 했다. 군인이라는 직업의 특성상 4대 보험이 적용되지 않고, 현금을 받을 수 있는 일용직이나 차를 좋아하는 취향을 반영해 프리랜서 형식의 대리운전 혹은 탁송기사 등에 대해 알아보기도 했다. 가족을 위해 잠시 일을 쉬면서도 불안한 마음에 일을 찾는 아이러니가 이 시대를 살아가는 아빠들에게는 당연한 삶의 일부일 수도 있다. 하지만 결론부터 말하자면, 돈을 위한 아르바이트는 육아휴직의 소중한 시간과 기회를 빼앗는 요소가 될 수 있으니 절대 말리고 싶은 선택이라는 것이다.

육아휴직의 소탐대실

일과 휴식의 균형 잡힌 삶이라는 뜻에서 '워라밸'이라는 말이 유행하고 있다. 이는 지속적인 업무 능률과 성과를 위해서는 휴식이 뒷받침되어야 한다는 뜻이다. 육아도 마찬가지다. 양육 이외의 시간을 다른 목적을 위해 쓰게 되면 육아에도 영향을 미칠 수밖에 없다. 아이가 학교 혹은 어린이집에 가 있는 시간 동안, 아니면 아이가 잠든 밤 시간을 이용해 일을 하게 된다면 아이와 함께 보내는 시간을 최상의 컨디션으로 보내기 힘들다. 일 자체 혹은 일로 인한 일정 조절로 받는 스트레스가 어떤 형식으로든 아이에게 전가될 수밖에 없고 아이를 대하는 양육자의 태도와 컨디션도 나빠질 수밖에 없다.

아이를 등교 혹은 등원시키고 가질 수 있는 자유 시간은 고작 5시간 남짓이다. 전문 기술이나 능력을 가지고 있는 경우라면 프리랜서 형식으로 일을 병행할 수 있겠지만, 일반적인 부업은 시급이 8천 원에서 1만 원 선이고 하루 4~5만 원을 받을 수 있다. 한 달 20여 일을 꼬박 일해서 얻을 수 있는 수입은 80~100만 원 정도다. 분명 적은 돈은 아니지만, 그 일을 위해 아이에게 혹은 자신에게 온전히 쏟을 수 있었던 귀중한 100시간이 사라지는 것이다. 돈으로 환산할 수 없는 인생의 소중한 시간이 약간의 금전적이익으로 사라질 수 있다.

현실적으로 보자면, 당장의 생계가 어려운 가정에서 아빠의 육아휴직이 가능할까 하는 문제다. 육아휴직을 사용하는 대부분의 아빠는 공공기관이나 공기업 혹은 대기업에 근무하는 경우가 많다. 아직은 우리 사회가 아빠 육아휴직의 초기 단계에 머물러 있고, 점차 대상이 확대되고 있는 과정이다 보니 어쩔 수 없는 현실이다. 이런 전제 조건에서 자신의 연봉을 생각해 보았을 때, 월 100만 원을 위해 아이나 자신에게 집중할 수 있는 소중한 100시간을 희생하는 것이 바람직하냐는 거다. 차라리 육아휴직을 끝마치고 직장으로 돌아가 성과를 내거나 승진을 위해 노력하는 것이 더 효과적이라고 생각한다. 소탐대실(小貪大失)이 바로 이럴 때 사용하는 말인 것 같다.

아르바이트를 찾지 말고 만들어라

많은 고민 끝에 육아휴직을 한 만큼 아이와의 관계에 대해 나름대로 세운 목표가 있을 것이다. 결국 관계의 핵심은 함께한 시간의 양과 질에 비례한다. 내 아이에 대해 좀 더 알고 싶고 함께하고 싶다면 아빠표 과외 수업을 추천한다. 요즘은 시중에 부모 과외가 가능한 여러 가지 교재를 쉽게 구할 수 있다. 한글이나 수학 혹은 영어 등을 직접 아이에게 가르친다면 사교육비도 줄일 수 있으며, 아이에 대해 좀 더 이해할 수 있는 기회가 된다.

만약 육아휴직을 고민하고 있다면, 주변에 비슷한 상황에 있는 이웃들이 많이 있을 것이다. 자녀의 학교나 어린이집을 중심으로 하교 혹은 하원 후 돌봄을 제공하거나 아빠가 가르치는 재주가 있다면 집에서 공부방을 운영하는 것도 좋다. 또 하원 도우미만 해도 월 100만 원에 육박하는 비용을 내는 경우가 많다.

요즘은 한 아이를 키우는 집이 많아 비교할 형제, 자매가 없다 보니 사소한 것에도 혹시 아이가 이상이 있는 건 아닌지 걱정하는 경우가 많다. 공부방이나 하원 도우미를 하며 또래의 아이들과 함께하는 시간을 가지다 보면 아이의 사회성도 길러지고 아빠로서는 또래 아이들을 이해할 기회도 된다. 더불어 돌봄을 하는 아이의 부모와도 교류가 생기니 비슷한 처지에 있는 부모들끼리 응원과 격려도 주고받을 수 있으며, 무엇보다 가정 경제에도 쏠쏠한 수익을 가져다줄 것이다. 아직은 우리 사회에 보편화되어 있지 않은 이웃과의 공동육아에 선구자적인 경험을 쌓아 볼 수도 있는 일석이조의 효과가 있지 않을까?

뿐만 아니라 지자체에서 운영하는 시민기자단이나 상품·서비스 모니터링 등 다양한 활동에 참여함으로써 성과에 따른 금전 혹은 상품보상을 받을 수 있으니 평소 관심이 있는 분야에 적극적으로 도전하기를 응원한다.

수입이 줄어들면 지출을 줄여라

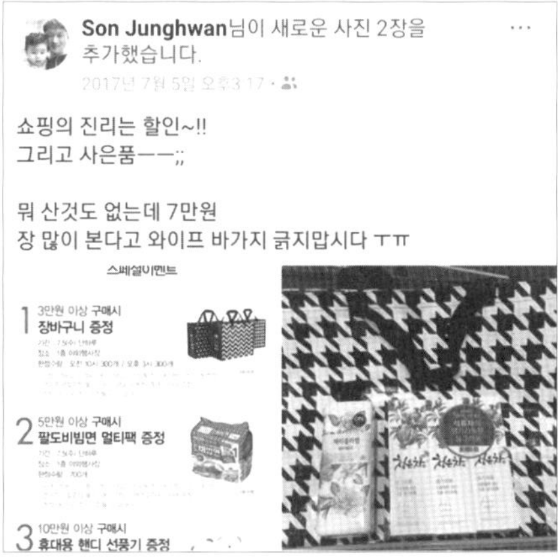

▲ 마트 사은품(저자 페이스북)

주말부부 생활을 하다 보면 비용보다는 편리함을 중심에 놓게 된다. 대부분의 소비 활동이 주말에 집중되다 보니 돈은 돈대로 쓰고 몸은 몸대로 피곤한 일이 많다. 마트만 해도 대부분의 행사가 평일에 집중되어 있다. 쿠폰에 전단·카드 행사까지 꼼꼼하게 챙긴다면 장바구니 비용을 줄일 수 있다. 의류 할인행사 역시 주말에 아이들과 가 보면 이미 대부분의 사이즈는 빠지고 없어서 할인 미적용 상품을 구매하는 경우가 많다. 행사가 시작되는 평일 쇼핑부터 시작해보자. 단, 수많은 주부들의 틈에서 자신의 정체성을 잃지 않도록 정신을 단단히 붙잡아야 하는 부작용은 있다.

대부분의 맞벌이 부부는 정부의 다양한 정책적인 지원의 사각지대에 놓이기 쉽다. 보통 가계소득 5,000~6,000만 원 사이를 기준으로 정해놓고 지원하기 때문인데, 육아휴직을 하게 되면 외벌이 가정으로 인정받아 보건소의 영양지원사업 등 각종 정책

▲ 이벤트 당첨 자료

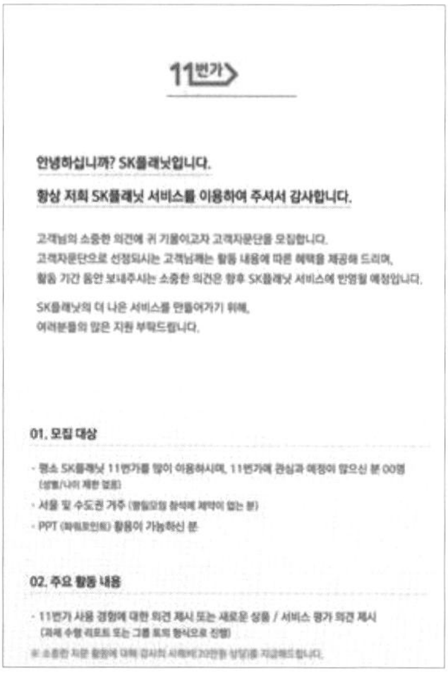

▲ 11번가 고객 자문단 모집 현황

▲ Naver AKI 서포터즈 모집 광고

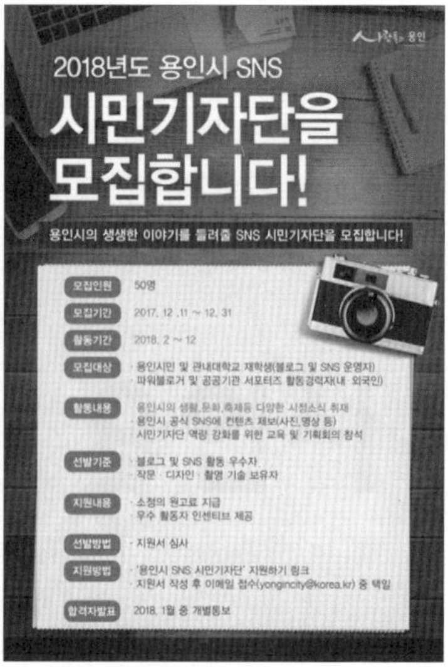

▲ 용인시 시민기자단 모집 광고

혜택의 수혜자가 될 수 있다. 가계소득이 다소 낮은 편이라면 초등학생 자녀의 방과 후 수업과 같은 각종 교육비 혜택까지 두루 누릴 수 있으니 적극적으로 찾아서 지원해볼 필요가 있다.

잠들어 있는 살림살이를 정리해라

요즘은 미니멀한 삶을 지향하는 사람들이 늘어나고 있다. 평일은 일에, 주말은 피곤함과 아이들에게 치이다 보면 집 한 편에는 햇빛을 보지 못하고 잠들어 있는 살림살이들이 많을 수밖에 없다. 우리 집도 3년 전 이사할 때 쌓아둔 이사 박스의 일부가 아직도 판도라의 상자처럼 봉인되어 빛을 보지 못하고 있다. 과감하게 하루에 박스 하나 서랍 하나씩 정리하고 비워보자. 그리고 아직 버리기 아까운 것들이 있다면 지역 기반의 중고장터에서 물건을 판매하는 것도 좋다. 구청이나 지역 행정복지센터에서 주관하는 오프라인 중고장터도 있고, 간단하고 쉬운 모바일 기반의 중고장터도 여럿 있기에 큰돈은 아니지만, 아이들 과잣값 정도는 충분히 벌 수 있다. 게다가 물건이 줄어들면 집도 넓어 보이고 숨어 있던 살림들이 자연스럽게 정리되어 불필요한 소비를 줄이는 데도 도움이 된다. 뿐만 아니라 이렇게 지속해서 지역 주민들과 교류를 하다 보면 육아휴직을 풍성하게 해줄 정보들이나 인맥을 얻게 되는 일도 있으니 용기를 내어 도전해볼 것을 추천한다.

취미 활동이 가계에 도움이 될 수 있다

어릴 때부터 로봇이나 기계류를 좋아했고 직업도 조종사이다 보니 자연스럽게 자주 접하는 자동차에 관심을 가지게 되었다. 처음에는 아는 것이 없어서 운전만 하는 것이 전부였는데, 지금은 에어컨 필터(캐빈 에어필터) 교체를 시작으로 각종 등화류(램프)나 오일류(엔진·미션오일 등)의 자가 정비 등을 하고 있다. 맞벌이 때는 바쁜 주말을 쪼개서 할 수밖에 없었지만, 육아휴직 후에는 여유로운 평일 낮 시간을 활용해 아내와 내가 운행하는 차를 손볼 수 있었다.

특히, 열두 살에 접어드는 내 차는 이곳저곳 녹까지 올라오는 상황이라 큰마음 먹고 부식제거까지 혼자 했다. 경험과 실력이 부족해 깔끔하게 작업된 것은 아니지만, 차령을 고려했을 때 앞으로 2~3년만 더 버텨주기를 바라는 정도라 크게 부담도 없었고 나름 만족스러운 결과를 얻을 수 있었다. 또한 이를 통해 50만원 남짓의 수리비를 아낄 수 있었다. 이렇게 자세히 찾아보면 평소 관심을 가지고 있었던 취미 활동 중에 가계에 보탬이 되는 분야가 있을 수 있으니 육아휴직 기간에 도전해보면 좋겠다.

숨어 있는 돈을 찾아라

맞벌이 15년 차에 접어들다 보니 이런저런 금융 상품에 가입된 것들이 많았다. 특히 보험 상품은 나름 정리한다고 했음에도 여전히 중복되는 상품들이 많이 남아 있었다. 보험은 상품 구조도 복잡하고 일목요연하게 현황을 정리하기도 쉽지가 않다. 그래서 보장 내용을 평소에 보험 상품과 항목별로 정리를 해두는 것이 유용하다.

상품명		○○보험	□□보험	보장 합계
사망	질병(일반)	1,000	3,000	4,000
	상해(재해)	2,000		2,000
	암	500	1,000	1,500
암	진단시	1,000	2,000	3,000
	수술시	200		200
	입원시	3		3
질병	진단비		1,000	1,000
	질병 수술비	20 ~ 200		20 ~ 200
	질병 입원비	3		3
	성인병 수술비		50 ~ 200	50 ~ 200
	성인병 입원비		5	5
재해	수술비	30 ~ 100	30 ~ 100	60 ~ 200
	입원비	2	3	5
실손	입원 의료비	상해의료비 100한도		
	통원 의료비	질병입원 의료비 500한도		
평가액(납입액)		10,035,720	8,325,000	18,360,720
가입기간		15년	20년	
보장기간		55세	80세	
보험료		60,000	35,000	95,000
적용이율		3.5%	4.7%	
비고				

▲ 가입한 보장내역에 대한 요약표(예시)

금융 상품도 유행을 타기 마련인데, 보험은 더 그렇다. 내가 사회생활을 처음 시작할 당시만 해도 종신보험이 큰 인기를 끌었다. 그 시절에는 재무 설계나 보험 상품에 대한 이해가 부족했기에 유행에 따라 가입을 했는데, 일반적으로 가계가 직면하게 되는 위험 요인은 두 가지 정도로 볼 수 있다. 가계의 주된 수입을 담당하는 가장의 실직이나 사망 그리고 가족의 질병으로 인한 과다한 의료비 지출. 그래서 가장은 종신보험을, 아내나 가족은 건강보험에 가입하는 것이 추세였다. 하지만 보험으로 모든 위험에 대비하는 것은 그만큼의 비용을 동반하기 때문에 현실적으로 어렵다. 지금이야 관련 자료나 공부를 통해 보험 상품에 대해 일반적인 수준 정도는 이해하게 되었지만, 당시는 정말 '묻지 마 가입'이 아니었나 하는 생각을 한다.

보험 상품들을 정리하면 숨은 돈이 보인다

맞벌이 생활을 하는 가정을 보면 대부분 자세한 보장 내용을 살펴볼 시간적 여유가 없어 일단 가입한 상품을 계속 유지하는 경우가 일반적이다. 우리 부부 역시 별반 다르지 않았다. 보험 상품을 리모델링하는 방법에는 크게 두 가지가 있다. 손해를 감수하고 해지하거나 감액 완납이나 즉시납을 통해 납부를 종결하는 방법 혹은 기존에 납입한 보험료(적립금)를 재원으로 상품을 갈아타는 방법이 있다.

지금 보험 가입을 결심한다면 정기보험을 가입했겠지만, 과거 가입한 8,000만 원짜리 종신보험을 해지할 수 없어 매달 6만 원씩 납부해 오던 것을 10년 차에 접어들었을 때 600만 원 정도를 일시납이라는 좋은 조건으로 완납해 지속적인 보험료 지출을 줄였다.

아내 역시 사회생활을 시작하며 변액보험 상품에 가입했었는데, 앞서 언급한 것처럼 보험 상품도 유행을 타다 보니 해당 상품에 대한 보험사의 수익률 관리가 미흡했다. 그사이 연금 상품에 대한 연말정산 혜택도 생긴 탓에 기존 상품을 종신보험으로 전환해서 감액 완납했다. 그리고 연차에 따라 인상된 아내의 급여를 고려해, 절세 측면에서 연말정산을 위한 연금펀드 및 IRP 상품에 가입함으로써 노후대비에도 관심을 기울였다. 기존 변액보험 상품보다 시중의 연금펀드 및 IRP 상품은 선택의 폭이 넓어 분산 투자 및 기대 수익률 측면에서 많은 이점을 주었다.

무엇보다 10년 넘게 납입한 변액보험 상품을 변경하며 2,700만 원 정도를 돌려받아 종신보험으로 전환하는데 700만 원 정도가 들었으니 가계에 2,000만 원의 여유자금을 보탤 수 있었다. 덕분에 육아휴직 종반부에 접어들며 점점 마이너스에 가까워지던 생활비 통장에 단비가 되어주었다.

여담이지만, 아내는 연봉 5,000만 원 이하만 가입이 가능했던 소득공제 장기펀드(일명 소장펀드)를 둘째의 육아휴직 기간에 가입했었는데, 이번에 금융 상품을 정리하면서 잊었던 그 존재를 다시금 확인하게 되었다. 지난 4년간 묵혀두었던 그 상품은 그간 여러 가지 변수에도 지금은 20퍼센트가 넘는 수익률을 안겨주며 효자 노릇을 하고 있다.

육아휴직 기간 소득의 감소로 고민이 되겠지만, 여윳돈이 있다면 오히려 소득 기준으로 인해 가입하지 못했던 상품이나 여러 가지 제도의 혜택을 받을 수 있으니 역발상으로 접근하는 시도가 필요하다.

아직도 육아휴직으로 인한 소득 감소가 걱정된다면, 육아휴직을 고민한 순간부터 육아휴직을 시작하기까지 충분한 대비를 해야 한다. 즉 휴직 기간에 대한 세부적인 계획을 수립한다면 경제적인 어려움은 단언컨대 겪지 않을 것이다. 오히려 앞에서 언급한 것처럼 때로는 기대하지 않았던 혜택과 지원을 받을 수도 있다. 뿐만 아니라 평소 현업에 얽매여 외길 인생을 살아왔던 현실에서 잠시 벗어나 다양한 사회·경제적 활동에 참여함으로써 인생을 바라보고 삶을 설계하는 가치관에도 변화를 가져올 수 있을 것이다. 그러니 부디 얼마간의 수입을 바라고 소중한 육아휴직의 시간을 낭비하는 우를 범하지는 말았으면 하는 것이 나의 진심 어린 조언이다.

아빠에게도 육아 우울증이 생긴다

육아 우울증이라는 말이 뭘까? 사실 지난 40여 년의 세월과 아빠로 살아온 10여 년을 돌이켜보아도, 육아 우울증은 내 인생에 없었던 그리고 존재하지 않을 단어로 생각했다. 그저 막연하게 TV나 잡지 등의 매체를 통해 그런 것이 있나 보다 하는 정도의 인식만을 가지고 있었다. 그런 육아 우울증이 나에게 찾아올 줄 예상하지 못했고, 미처 대비하지 못한 상황에서 겪고 나니 비슷한 어려움을 겪고 있을 대다수의 엄마를 비로소 이해할 수 있었다.

의학 백과사전에서 우울장애(depressive disorder)를 찾아보면 의욕 저하와 우울감을 주요 증상으로 해 다양한 생물학적, 유전적, 생활 및 환경 스트레스, 신체적 질환이나 약물 등에 의해 발생한다고 설명하고 있다. 아빠는 출산이나 육아로 인한 신체 변화가 없으니 결국 생활환경의 변화와 스트레스가 주된 원인이라 볼 수 있겠고, 나 역시 비슷한 이유로 휴직 3개월 차에 접어들며 우울증을 겪기 시작했다.

나에게 찾아온 육아 우울증

드라마 〈미생〉에 나왔던 유명한 대사가 있다.

"회사가 전쟁터라면 밖은 지옥이야. 밀어내기 전까진 끝까지 버텨."

전쟁터라는 회사를 박차고 육아휴직에 나선 당신은 이단아일까, 패배자일까? 다소 직설적인 이러한 의문이 휴직 기간 내내 당신을 따라다닐 것이다. 사람들은 말한다. 가족을 위해 현명하고 용기 있는 선택을 한 것이라고. 그러면서 동시에 당신의 미래, 직업의 미래를 대신 염려해주는 모습을 보게 된다. 이러한 이율배반적인 딜레마를 해결하지 못하면 육아휴직은 자칫 가시방석이 되기 십상이다.

나 역시 아이들과의 관계에 대한 고민과 양육 환경에 의해 어쩔 수 없이 육아휴직을 선택할 수밖에 없었지만, 이러한 선택을 하는 데 있어 승진(진급) 등 직장 생활의 영속성에 대해서도 오랜 시간 숙고해야만 했다. 직장인으로서 육아휴직은 분명 마이너스 요인이기 때문이다.

휴직한 이후에도 같은 고민은 계속될 수밖에 없다. 우리가 배워 온 익숙한 사회의 관념과 시선에서 바라보면 업무 경력은 발전이지만, 육아와 가사는 퇴보라는 공식이 있기 때문이다. 그런 탓에 동료가 업무 현장에서 계속 경력 관리하는 동안 나는 집에서 양육과 가사에 얽매여 있는 것이 아닌가 하는 걱정이 똬리를 틀고 마음 한 편에 들어앉는다.

게다가 육아와 가사라는 것이 앞서 아빠의 일상을 통해서도 설명했지만, 비슷한 일과의 무한 반복이다. 매일 청소기를 돌리고 아이들이 어지럽힌 것들을 정리하고 빨래와 설거지를 하는 일. 과거 직장 생활을 하면서 비생산적이고 발전이 없는 단순 작업이라 오해했던 그 일을 육아휴직 기간 동안 매일 마주해야만 하는 것이다. 아이들의 등원과 하원 그리고 식사를 챙겨주는 일과 목욕, 놀이까지 일상이 똑같이 반복되다 보면 자칫 매너리즘에 빠지기 쉽다. 일단 심리 상태가 하향 곡선에 접어들면 회의감이 밀려오고 직장에 남아 있는 동료들 혹은 활발하게 사회생활을 하고 있는 지인들과 비교하게 된다.

게다가 아빠들은 거주 지역을 중심으로 하는 대인 관계가 좁아 양육과 가사 때문에 평소의 인간관계도 유지하기 어려운 상황에 처한다. 직장 생활을 그만두고 전업주부로 살아가는 엄마들과 마찬가지로 아빠도 자신의 집이 활동 공간의 전부가 되는 상황에 직면하게 되는 것이다. 아이들 등하원이나 자유 시간에 다녀보아도 마주치는 이웃의 대부분이 여성이다. 적적한 마음에 차 한잔, 맥주 한잔을 하고 싶은 날에도 지인들과는 시간을 맞추기 힘들고 찾아갈 이웃은 없다. 그러니 자연스럽게 아내에게 의지하고 아내만을 기다리게 된다.

예전 아내의 육아휴직 기간이 그랬다. 퇴근하고 돌아온 나에게 아내는 끊임없이 하루 동안 있었던 일과 아이에 관해 이야기를 해주었다. 그때는 그저 피곤한 마음에 건성건성 대답하고는 빠져나가기 바빴는데, 어느새 내가 아내와 같은 모습으로 퇴근한 아내를 붙잡고 얘기하고 있다는 것을 깨달았다. 아내 역시 야근이 있거나 피곤한 날이 있기 때문에 나의 대화에 제대로 호응해주지 못하는 날이면 괜스레 불만과 화가 쌓이는 것을 느꼈다. 바쁜 저녁 시간 세 아이의 식사를 챙기고 씻기고 정리하는 모든 일이 아내의 퇴근만을 기다리는 전야제 같았다. 아내가 퇴근해서 아이 하나라도 돌봐준다면 숨통이 트일 것 같은 기분이 드는 날도 있었다. 반면 아내는 격년으로 계속된 육아휴직으로 직장 내에서 경력이나 승진 점수 관리가 제대로 되지 않아서, 육아휴직 중인 나를 믿고 일에 상당한 에너지를 쏟고 있었다. 그래서 더욱 서로 간에 기대치가 다를 수밖에 없었다.

육아휴직을 통해 아이들과의 관계가 눈에 띄게 진전되는 느낌을 받는다면 모를까 아이 셋과 보내는 시간은 천당과 지옥을 수시로 오가게 되는 일이다. 그러다가 나도 모르게 화라도 내는 날이면 왜 육아휴직을 했는지 아빠로서 혹은 양육자로서 자질은 있는지 회의감에 빠져들기 쉽다. 이런 일련의 감정들이나 요인들이 육아 우울증을 가져오는 주요 원인이 된다.

육아 우울증은 어떻게 나타날까?

아내와 다툼이 있거나 아이들과 힘든 날을 보낸 다음 혹은 직장동료의 승진 소식 등이 있는 날이면 어김없이 우울감이 밀려온다. 그런 날이 반복되면서 우울감의 깊이는 점점 깊어지고 주기는 짧아지며 나도 모르게 육아 우울증(주부 우울증)에 빠져들고 만다. 내가 겪은 육아 우울증의 증상은 다음과 같다.

‘청소기 돌리는 거 하루만 미루지 뭐.’

‘어차피 저녁에 이부자리 다시 펴야 하는데 정리하는 것도 귀찮아.’

‘아침 먹은 설거지 저녁 먹은 거랑 합쳐서 한 번에 하자.’

먼저 집안일이 다 의미가 없고 부질없게 느껴지면서 미루게 되고 의욕이 사라진다. 그리고 밖에 나가는 일이나 누구를 만나는 일이 귀찮게 느껴진다. 아이들 등하원이 외출의 전부가 되면서 마트에서 장을 보는 것도 차일피일 미루다가 의도치 않게 냉장고 파먹기 모드로 들어가는 경우까지 생긴다. 퇴근한 아내에게 사소한 일에도 짜증을 부리고, 아이들에게 화를 내는 나를 발견하는 것이 자연스러운 수준에 이르면 이제는 중증에 들어섰다고 봐야 할 것이다.

마음이 병들어 있으니 입 밖으로 고운 말이 나올 리가 없다. 불평 섞인 잔소리를 늘어놓는 일이 반복되니 아내 역시 인내의 한계를 느끼고 차라리 복직하라는 말을 먼저 내뱉기도 했다. 그 당시 나의 심리를 곰곰이 되짚어보면 '내 마음이 이렇게 힘드니 누가 알아줬으면 좋겠다'는 바람이었던 것 같다. 단순히 이야기를 들어주고 공감해 줄 누군가만 곁에 있어도 나아졌을 텐데, 아내는 바빴고 아빠의 휴직에 대한 아이들의 기대치는 높았다. 이웃에는 여성 주부들만 있어 마음 터놓고 이야기를 나눌 사람마저 없었다. 이런 이유로 '내가 지금 힘드니 나를 좀 바라봐 줘. 나의 마음을 헤아려 줘.'라는 심정으로 집안일도 미루게 되고 우울하거나 화난 표정을 짓게 되는 것이었다.

그런 과정을 겪고 나니 이제는 주부들의 마음을 조금은 이해할 수 있게 되었다. 힘든 회사 일을 마치고 집으로 돌아왔는데, 어질러진 집을 보고 짜증을 내는 남편의 마음도 온종일 집에서 육아와 가사에 치여 공감과 위로를 받고 싶은 아내의 마음도 틀린 것이 아니라는 것을. 그럼에도 대부분의 남편은 '집이 이게 뭐야!'라던가 '도대체 하루 종일 집에서 하는 일이 뭐야!'라는 말로 의도하지 않은 상처를 주곤 하는 것 같다.

육아 우울증 극복하기

사람마다 기질과 성향이 달라 정답이 있는 것은 아니지만 여러 가지 사례와 방법을 비교해보면 공통점은 있다. 우선은 자존감을 키워야 한다. 내가 육아하는 아빠로서 혹은 살림하는 아빠로서 잘하고 있다는 자신감. 그리고 지금 하는 일이 얼마나 의미 있고 소중한 것인지에 대한 의미부여. 마지막으로 그럼에도 찾아오는 우울감을 극복할 수 있는 대인 관계와 자기관리가 그것이다.

① SNS를 활용해라

육아 관련 글을 블로그에 올리거나 SNS(facebook)를 시작한 것도 이맘때부터다. 물론 올리는 글이나 사진은 실제 일상과 다르다. 때때로 아이들을 혼내고 화내는 것이 현실이지만, 해맑게 웃거나 즐거워하는 아이들의 사진이 주가 된다. 중요한 것은 육아의 과정을 공식적으로 남기는 일이 육아하는 아빠의 정체성과 자존감을 키워주는 도구가 될 수 있다는 것이다. 생면부지의 타인이 아빠 육아의 일상을 보고 남기는 응원의 댓글이나 이러한 매개체를 통해 맺어지는 인연들이 육아휴직의 일상을 풍요롭게 만들어주기 때문이다.

인간은 사회적 동물이기에 혼자가 된다는 데 대한 심리적 거부감이 큰 것 같다. 그래서 어딘가에 소속되고 누군가와 함께 하고자 하는 욕구가 강한 것이다. 육아휴직이라고 해서 집에서만 맴돌다 보면 컨디션에 따라 감정의 기복이 생기고 점차 그 폭도 증가하는 부작용을 겪기 쉽다. 게다가 빨리 가려면 혼자 가고 멀리 가려면 함께 가라는 말처럼 인생과 육아라는 긴 여정의 길을 혼자서 가는 것보다는 누군가와 함께 걸어갈 때 위안을 받고 끈기를 가질 수 있다.

② 비슷한 상황의 사람들과 관계를 맺어라

육아라는 새로운 프로젝트를 수행하기 위해 가정을 중심으로 활동하는 아빠에게 대인 관계는 중요하다. 일단은 이웃 중 혹은 아이와 같은 반 학부모 중에 마음이 맞는 사람을 찾아 관계의 끈을 맺는 것이 좋다. 일단 그렇게 시작되면 관계망은 점점 더 확장될 수 있는 가능성이 있기 때문이다. 나 역시 이웃 중에 우리 아이와 비슷한 또래의 어머니들과 기회가 될 때마다 자리를 함께

하려고 노력했으며, 아빠 육아 카페 온라인 활동의 한계를 깨닫고 지역을 기반으로 한 오프라인 육아 아빠 모임을 추진해 운영했다. 육아휴직을 하면서 직면했던 어려움은 대부분 육아의 기술(스킬)이 아니라 양육 철학과 심리적인 문제였기에 오히려 가까이서 자주 자리를 가지고 교류하는 것이 개인적으로 더 도움이 되었다.

③ 타인과의 비교로부터 자유로워져라

육아휴직 중에는 쉴 새 없이 샘솟는 타인과의 비교로부터 자유로워지도록 노력해야 한다. 단순히 육아휴직 1년을 위해서가 아니라 타인에 의해 규정되지 않는 온전한 나만의 삶을 살아가기 위해서도 이는 필수적인 능력이다. 우리가 흔히 말하는 개인주의 사회라는 서구를 보더라도 남의 눈을 의식하기보다 타인에게 불편함을 끼치지 않는 한도에서 최대한의 자유를 추구하는 모습을 자주 보게 된다. 즉, 나의 삶을 살아간다는 것은 나를 자유롭게 하는 것에서부터 시작되는 것이다. 그러니 나의 육아휴직에 집중해야지 남아 있는 동료와 자신을 비교하는 것은 자신을 내면부터 서서히 죽이는 길이 될 수밖에 없다. 이를 깨닫고 눈앞에 있는 가족에게 전념하자.

④ 평소 관심 있던 취미를 시작해라

내면의 목소리에도 귀를 기울여보자. 평소에 배우고 싶었던 분야나 취미 활동을 시작한다면 생활의 활력이 되는 동시에 우울증 극복에도 도움이 된다. 우울감은 심리적인 요인이기 때문에 긍정적 영향을 미치는 활동을 하거나 꾸준한 대인 관계를 유지해 나간다면 그 강도를 약화시킬 수 있다. 우울증과 의욕상실로 며칠간 고생을 하다가 꼭 한 번은 제대로 배워보고 싶었던 부동산 경매강좌를 신청해 듣게 되었다. 아이들을 돌보고 가사를 전담하면서 수업에 참여하는 과정이 쉽지는 않았지만 어려움 속에서도 아내의 격려와 지원 덕분에 6주간의 수업을 잘 마무리할 수 있었다. 몸은 힘들었지만, 마음은 오히려 도전하고자 하는 열정과 의욕으로 충만하게 되는 긍정적인 경험을 했다. 사람마다 누구나 자신의 심장을 뛰게 하는 무언가를 가지고 있다. 육아와 가사에만 집중하다 보면 쉽게 지치고 의욕을 잃게 될 수 있으니 자신을 위한 시간과 기회를 꼭 가지기를 추천한다.

⑤ 체력을 쌓아라

마지막으로 육아와 가사는 체력과의 싸움이다. 정신과 육체는 상호 영향을 주고받는다는 말이 있는 것처럼 몸이 힘들고 피곤하면 만사가 귀찮거나 부정적이 될 수밖에 없다. 군인 정신만 믿고 운동은 미뤄둔 채 휴직 기간을 보내다 보니 서너 달 이후부터는 체력이 떨어지며 만성피로를 느끼는 경우가 많아졌다. 반면 아이들은 끊임없는 에너지로 온 집 안을 어지럽히거나 놀아달라는 요구를 쉼 없이 해대는 상황에 처하게 되었다. 건강한 육아휴직을 보내기 위해서는 아이들이 잠든 새벽 시간이나 등교 및 등원한 이후의 자유 시간을 통해 건강과 체력을 쌓아두는 것이 나와 가족을 위한 현명한 투자다.

'나는 그렇지 않을 거야'라고 믿는 사람들이 많지만, 의외로 자신도 모르게 육아 우울증을 앓고 어려움을 호소하는 사람들도 많다. 증상을 인지하는 것도 힘들지만, 막상 육아 우울증에 걸렸다고 대놓고 말하거나 상담을 받을 만한 곳도 부족한 것이 현실이다. 그러니 나에게 언제 찾아올지 모르는 부정적이고 기복이 있는 감정의 변화를 가족과 함께 세심하게 관찰하고 대비할 필요가 있다. 육아휴직의 지뢰밭 같은 위험을 무사히 극복하고 나면 비로소 한결 부담 없는 육아와 달라진 가족을 만날 수 있는 자격을 얻을 수 있다. 그때가 되면 육아하는 아빠만이 느낄 수 있는 세상 무엇과도 바꿀 수 없는 소중한 경험을 마주하게 될 것이다.

육아하는 아빠만이 느낄 수 있는 감동적인 순간들

진짜 아빠가 되는 시간

육아휴직을 시작할 때만 해도 아이들과 보내는 시간이 낯설었다. 특히, 막내는 내게 곁을 내주지 않고 늘 엄마 근처를 맴돌았다. 그랬던 아이들이 이제는 아빠 최고라며 엄지손가락을 들어 칭찬해줄 때, 심지어 손가락이 아직 마음대로 펴지지 않는 막내가 검지를 세워 들며 아빠를 칭찬해줄 때 '아~ 그래도 휴직하기를 잘했구나.'라는 생각이 든다.

휴직 당시 막 돌을 넘긴 막내는 어린이집에 온 아빠를 만나면 반가워하기보다는 하원한다는 사실에 더 큰 의미를 두었다. 아빠에게 달려와 안기기보다는 신발을 찾아 집으로 가려는 마음이 더 급했다. 하지만 지금은 하원을 위해 교실을 나서다가 아빠와 눈이 마주치면 큰 소리로 '아빠~~' 하고 부르며 달려와 안긴다. 잠자리 역시 마찬가지였다. 엄마의 품에서 떠날 줄 몰랐기 때문에 한동안 침대 아래쪽은 나의 자리였다. 그러던 것이 이제는 아빠의 팔베개가 없으면 잠들지 못하는 수준이 되어 어느새 엄마가 바닥에서 자는 상황으로 역전되었다.

아이를 안고 누우면 마음이 평온해진다. 목욕 후 놀이 때문에 빨갛게 상기된 볼과 숨 쉴 때마다 내 얼굴로 불어오는 콧바람과 새근새근 거리는 숨소리에 맞춰 오르내리는 가슴. 몸으로 전해지는 체온과 숨결을 느끼고 있노라면 내가 아빠라는 사실이 감사하고 행복하다. 그래서인지 휴직 후 자연스럽게 수면 시간이 길어지는 부작용도 겪고 있다. 잠자리에 들기 위해 늘 아빠의 품을 찾고, 한밤중에도 아빠가 보이지 않으면 아빠를 애타게 불러 늘 아이 곁에 있어야 하다 보니 자연스럽게 나의 수면시간은 밤 10시부터 시작된다. 거기에 주말이면 오전 8시가 넘어서야 아이와 함께 일어나는 경우가 많다.

첫째는 한글을 배우면서 엄마와 아빠에게 편지를 보내는 일이 늘었다. 자신의 마음을 잘 이해해줘서 고맙다는 감동적인

▲ 아이들이 써준 크리스마스 카드

내용도 있고, 아빠가 휴직 중이라 돈이 없다는 농담 섞인 내용과 함께 500원짜리 동전 2개를 붙여서 크리스마스 편지를 전해 주기도 했다.

이런 일상들 속에 취해 있다 보니 어느새 내 삶의 철학도 조금씩 달라지고 있다는 것을 느낀다. 그중의 하나가 아파트에서 타운하우스로의 이사였다. 늘 층간소음이 걱정이었던 아파트에서 아이들을 단속하며 지내는 것보다 아이들이 자유롭게 자랄 수 있는 한적한 타운하우스는 우리 삶의 많은 것이 달라지게 하는 계기가 되었다. 자동차의 속도를 줄이면 차창으로 보이는 경치가 더 풍부해지는 것처럼 텃밭도 일구고 아이들과 매일매일의 소소한 추억을 만들 수 있는 시간과 공간도 생겼다. 그러면서 왜 어른들이 자녀 양육을 자식농사라고 하셨는지 어렴풋이 깨달을 수 있었다.

아마도 농작물을 길러본 사람들은 공감할 것이다. 모종을 심고 가끔 물과 거름을 주었을 뿐인데 어느새 쑥쑥 자라더니 열매를 맺는 과정은 자연의 신비를 느끼기에 충분하다. 그런 과정에 묘한 매력을 느껴 더욱 자주 텃밭을 찾게 되는 것 같다. 양육도 마찬가지다. 부모이기에 노력하겠지만, 사실 아이들은 그런 노력 없이도 시간의 흐름 속에서 자연스럽게 성장한다. 그 성장을 곁에서 지켜보는 것이 텃밭에서 작물을 가꾸는 것보다 더 경이롭고 감동적인 것은 당연한 일일 것이다.

출산과 육아를 흉내 내기만 했지 사실 나는 빈껍데기 아빠였다. 여전히 노력하고 있다고는 하지만 아직도 부족한 것이 많은 초보 아빠다. 초보 아빠가 처음 육아휴직을 시작할 때, 귤도 제대로 못 까고 숟가락질도 서툴렀던 돌쟁이 막내가 어느새 혼자 귤도 곧잘 까고 포크질에 때로는 용감하게 젓가락에 도전하는 모습을 지켜보면 신기함과 함께 작은 전율이 느껴진다. 옹알이가 내뱉는 말의 전부였던 아이가 어느새 아빠를 정확하게 발음하고, 혀 짧은소리로 '아이 무서워~'라든가 자신의 이름인 민우가 제대로 발음되지 않아서 '미미'라고 말할 때는 귀여움에 미소 짓다가도 '어느새 이만큼 자랐을까?' 하는 생각에 빠지게 된다.

이런 경험이 쌓일수록 둘째에 대한 미안함이 더 커진다. 첫째도 돌이 지날 때까지는 함께 살았고, 막내는 육아휴직 덕에 돌 이후로 폭풍 성장하는 유아기를 함께 보낼 수 있었다. 반면 둘째는 첫째의 어린이집 문제로 우리 부부가 함께 살지 못하고 주말부부로 지내던 기간에 태어나 자랐고 제대로 앉지도 못하던 7개월 때부터 어린이집을 다녀야만 했다. 막내의 성장 과정을 지켜보며 둘째도 이랬겠지라는 막연한 생각만 할 뿐이다.

어떻게 보면 막내가 생겼기에 육아휴직을 하게 되었고 또 막내를 돌보면서 양육의 기쁨을 알게 된 것 같다. 그리고 그 기쁨의 크기에 비례해서 제대로 신경 써주고 함께 해주지 못한 둘째에 대한 미안함이 커지는 것은 어찌 보면 당연한 일이다. 내가 둘째로 성장했기에 더 감정 이입을 하는 것일 수도 있지만 둘째는 여전히 나에게 아픈 손가락이다. 둘째는 지금도 엄마를 더(?) 좋아하고 엄마 옆에서 잠들기를 고집한다. 하지만 그 과정에서도 감사한 변화들이 일어나고 있다. 엄마가 야근하는 날, 둘째는 바닥에 펴놓은 잠자리에 누워 있다 어둠을 틈타 몰래 침대로 올라와 내 옆자리에 파고들며 '아빠 사랑해요'나 '아빠 최고~'라는 말을 곧잘 해주고 있다. 내가 의식하지도 못한 채 흘러가버린 둘째와의 5년이라는 시간을 되돌릴 수는 없지만 앞으로 주어진 시간을 조금 더 아이에게 집중한다면 나 역시 충분히 좋은 아빠가 될 수 있다는 자신감도 얻었다.

이런 깨달음을 가진 이후 아이들과의 추억을 남기기 위해 페이스북과 블로그도 하기 시작했다. 물론 육아에 어느 정도 내공이 쌓이고 여유가 생기기도 했지만 시간이 지난 다음 아이들과 추억을 나누고 스스로 뒤돌아볼 수 있는 매개체를 만들고 싶은 욕심이 생겼기 때문이다. 그 연장선에서 지금 이 책도 쓰고 있는 것이다.

나와 가족의 삶에 변화를 준 육아휴직

지금까지 나의 인생만을 생각하고 살아왔다면 이제는 함께하고 있는 아내의 삶과 아이들의 삶까지 고민하게 되었고, 아이 셋을 교대로 돌보는 쉴 틈 없는 시간표 때문에 여행 등의 기회를 만들지 못했던 아쉬움에 한 아이만 데리고 떠나는 1:1 나들이도 생각하게 되었다. 아빠가 육아를 한다는 것은 현실의 무수한 장벽을 뛰어넘어 그 안에 숨어 있는 낙원을 발견하는 것과 같다. 도전의 의지만 가진다면 첫 시도가 어려울 뿐 양육의 늪과 같은 매력에 점차 빠져든다. 양육을 하면서 나의 과거를 반추하고 현재의 가족을 생각하며 미래의 우리 모습을 그리게 되기 때문이다.

이 땅에 태어나고 떠나는 것은 혼자이지만, 그 시작과 끝을 함께하는 것은 소중한 가족이고 인생의 어떤 요소보다 서로에게 가장 큰 영향을 주고받는 것이라는 평범한 진리를 깨달은 것이 육아휴직의 큰 소득이다. 만약 당신이 가족과 인생 그리고 직장 사이에서 고민한다면 육아휴직을 해보라고 말하고 싶다. 육아휴직의 사용 여부를 떠나서 고민해보는 것만으로도 이미 가치관과 생각의 변화가 일어나기 때문이다. 육아휴직은 단지 살림하는 아빠가 아닌 온전히 나의 삶을 위한 변화를 준비하는 소중한 기회이자 시간이다.

TIP

우리 아이 TV와 스마트폰에서 해방시키기

요즘 어디를 가든 부모의 스마트폰을 손에 쥐고 있는 아이들을 많이 볼 수 있다. 나는 스마트폰 동영상 시청을 무조건적으로 부정하지는 않는다. 일부 유익한 프로그램은 시청 과정에서 배우는 것도 있고 일시적으로 아이의 보챔이나 소란을 잠재우는 효과도 있다. 나 역시 집안일을 하면서 서로 다른 요구를 하는 세 아이를 도저히 감당할 수 없을 때 가끔 이용하기도 한다.

하지만 문제는 습관으로 굳어져 식당에 가거나 혹은 자동차나 유모차에 타기만 하면 당연한 것처럼 스마트폰을 요구하는 아이나 내주는 부모의 모습이다. 조용한 외식을 위해 아이에게 스마트폰을 안겨주면 일시적인 효과는 있겠지만, 이것이 과연 아이를 위한 일일까? 아이는 밥을 먹는 걸까, 아니면 스마트폰을 보는 걸까?

우리 집에서는 내가 주로 아이들에게 스마트폰을 안겨주는 편이었다. 일종의 편견인지도 모르겠지만, 아내는 IT 회사에 근무함에도 불구하고 집에서 TV나 컴퓨터를 사용하지 않는다. 정확하게 표현하면 우리 집에는 TV가 없다. 심지어 스마트폰조차 잘 들여다보지 않는 편이다. 그러다 보니 주말부부 시절부터 적어도 주말에는 아이들이 좋아하는 만화나 동영상을 보여주는 것이 나쁘지만은 않다는 개인적인 생각과 아이의 보챔을 회피하려는 목적이 절묘하게 결합해 빈번하게 보여주곤 했다. 이런 여파로 육아휴직 초기만 해도 아이들은 당연한 것처럼 아빠의 스마트폰을 요구했다. 처음에는 대안이 없어 아이들의 요구에 못 이겨 스마트폰을 안겨주었지만, 아내의 충고에 문제의식을 느끼게 되었다.

● 아빠 = 스마트폰이라는 공식 버리기

아이들의 의식 속에는 '아빠 = 스마트폰'이라는 등식이 성립해 있었다. 아이들의 이런 고정관념을 무너뜨리기 위해 적잖은 노력을 기울여야 했다. 때로는 다른 놀이를 통해 관심을 옮기도록 유도하거나 아이의 욕구에 공감을 표현하며 달래거나 혹은 윽박지르기까지 다양한 방법을 동원해 스마트폰을 멀리하게 하려고 노력했다. 그 결과 한두 달이 지나자 아이들의 요구는 현저하게 줄어들기 시작했다.

스마트폰이 생활의 필수품이 된 현실 속에서 아이들을 가두어 놓겠다는 의도는 아니다. 다만, 스스로 통제하고 결정할 수 있는 능력을 갖추게 되기까지는 부모의 인내와 끈기가 필요하다는 것이다. 현재는 주말에만 시청을 허락하는 편이며, 그마저도 학습지 등 해야 할 일과 연계해 보상의 차원에서 보여주고 있다. 지금의 보상 구조 역시 앞으로 변화가 필요하다. 학습지 공부를 동영상 시청을 위한 수단으로 인식할 수 있기 때문이다. 아직은 다행스럽게도 첫째는 학습지를 풀어가는 과정에서 느끼는 재미와 한자능력검정시험 합격이라는 동기부여를 통해 공부에 흥미를 보이고 있고, 둘째는 '큐티'라는 교회학습지를 매일 푸는 것이 습관화되어 있다. 덕분에 피곤에 지쳐 잠든 엄마를 깨우는 열성까지도 보여주고 있다.

이처럼 아이들은 저마다의 성향과 기질을 지니고 있기에 한 가지 방법을 고집하지 말고 다양한 방법을 시도하고 고민해보는 것이 바람직하다. 그 과정에서 아이와 소통하며 더 나은 대안을 발견하는 경우가 많기 때문이다. 적어도 아이에 대해서는 그 어떤 전문가보다 부모가 더 잘 알 수밖에 없다. 그러니 소위 전문가라는 사람들의 방법과 조언을 맹목적으로 따르기보다는 자신과 아이의 상황을 냉정하게 바라보고 아이의 요구사항과 생각을 들어주는 과정에서 각 가정에 맞는 해답을 찾고 고민해보는 것이 맞춤형 해법이라 생각한다.

TIP

● **자연스럽게 스마트폰을 멀리하게 만들기**

육아에서 스마트폰이 고민거리가 되고 있다. 아이는 부모의 행동에서 보고 배운다. 그러므로 부모가 먼저 스마트폰을 멀리하는 모습을 보여주어야 한다. 눈앞에 스마트폰이 보이지 않으면 아이들은 어지간해서는 찾지 않는다. 퇴근 후 스마트폰을 아이들 눈에 바로 보이지 않는 곳에 두었더니 점점 스마트폰을 찾기보다는 장난감이나 아빠와의 신체놀이를 더 선호하게 되었다.

다만, 스마트폰을 일시적으로 멀리한다고 해서 아이들이 평생 비슷한 유혹에서 자유로워지지는 않는다. 결국 스스로 통제하고 조절할 수 있도록 환경을 만들어주는 노력이 필요하다. 그래서 우리 집에서는 TV가 없는 환경을 고려해 주말은 원하는 영상물을 시청할 수 있게 했다. 목욕까지 다 마치고 잘 준비가 끝나면 9시 정도까지 〈슈퍼윙스〉나 〈옥토넛〉, 〈파워레인저〉 등의 영상을 프로젝터나 PC로 보여주고 있다. 잠들기 전 영상물 시청이 미치는 부정적인 영향에 관한 이야기가 있지만, 가끔 '한 편만 더 보고 싶다'는 둘째를 제외하고는 바로 잠자리에 드는 것이 습관화되어 있다.

이렇게 두 달 정도 지나고 나니 막내마저도 바닥에 놓인 아빠의 스마트폰을 발견해도 '아빠 꺼~'라며 주워서 전해준다. 그리고 아이 셋과 함께 식당을 가더라도 가끔 방문한 고모가 보여주는 것 외에 테이블에 스마트폰이 올라오는 일은 찾아볼 수 없게 되었다. 아빠의 스마트폰을 발견하기가 무섭게 귀신같이 잠금 화면을 풀어서 유튜브 아이콘을 찾아내던 그 아이들이 지금이 아이들이 맞는지 의심이 들 정도다.

● 스마트폰 대신 다른 대안을 제시하기

결국 핵심은 습관화에 있었다. 나도 초등학교 때 친구 집에서 처음 접해본 PC 게임을 알게 된 후 고입과 수능시험을 치른 당일에도 시험 결과를 맞추는 것보다 게임에 몰두할 만큼 심한 게임 중독을 경험했다. 다행히 사관학교에 입교하며 반강제적으로 게임을 멀리하게 되면서 극복하기는 했지만, 졸업 후 PC방을 찾으면서 자연스럽게 과거의 중독 증상이 다시 나타나는 것을 느꼈다. 이런 기억 때문에 내 스마트폰에는 간단한 모바일게임 하나가 없다. 바로 습관과 유혹의 영향과 결과를 경험을 통해 깨달았기 때문이다.

성장하는 아이들 역시 마찬가지다. 우리는 어쩌면 배우는 과정에 있는 아이들에게 부모의 눈높이와 기대에 맞는 행동을 바라는지도 모른다. 그리고 그런 행동을 '훈육'이라는 이름으로 포장해 그럴듯하게 합리화하고 있다. 교육학이나 심리학에서는 훈육 가능한 월령을 통상 24~36개월로 보고 있다. 그것도 개인마다 편차가 있고 낮은 단계의 훈육부터 시작할 수 있다는 것이지 완벽하게 효과가 있다는 것도 아니다.

그러니 TV와 스마트폰을 찾는 아이에게 무조건 야단을 치거나 '전원을 꺼버리겠다'는 식의 협박이 제대로 먹히지 않을 수밖에 없다. 차라리 회유를 선택하는 것이 적절한 대안이다. 우리 집 둘째도 그렇지만 29개월의 셋째 역시 원하는 것이 불가능할 때 투정과 짜증을 부린다. 그렇지만 다른 대안(놀이나 외출 혹은 간식 등 기질과 상황에 맞는 대안)을 제시하면 이내 기분이 풀어진다. 이성을 담당하는 전두엽이 발달하는 과정에 있는 아이가 대화를 통해 합리적 선택을 할 것이라 기대하는 것은 애초부터 무리가 있다는 것이다.

TIP

● 시청각 콘텐츠에 대한 인식 바꿔주기

중요한 것은 앞서 언급한 것처럼 아이들이 올바른 습관과 자기 조절 능력을 갖출 수 있도록 돕는 데 있다고 본다. 이런 연장선에서 유튜브 등의 시청각 콘텐츠에 대한 인식을 바꿔주기 위한 시도 역시 의미가 있었다. 아이들의 성장에 따라 좋아하는 영상물에도 조금씩 변화가 생기게 된다. 요즘에 막내는 애니메이션을, 둘째는 장난감 놀이 동영상을, 첫째는 방탈출을 테마로 하는 동영상을 즐겨 보고 있다. 조금 앞서나간 생각일 수 있지만, 아이들이 동영상을 소비하는 수동적 역할이기보다는 생산하고 창조하는 적극적 역할을 수행하기를 바라는 마음에 장난감 놀이 영상을 찍어보자고 아이들에게 제안했다. 아이들이 선뜻 따라주어 몇 가지의 동영상을 찍어 업로드하기에 이르렀다.

보는 것에만 익숙한 아이들에게 자신들이 나오는 동영상이 유튜브에서 재생된다는 것은 신선한 충격이었던 것 같다. 처음에는 부끄러워하더니 이제는 어떤 영상을 어떻게 촬영할 것인지 고민하고 기획하는 단계로 발전했다. 혼자서 도전하는 게 힘들다면 문화센터 등에 개설된 '도전! 유튜버' 같은 강좌가 있으니 아이들이 동영상 제작에 직접 참여하게 해보는 것도 좋다. 물론 지속하기가 쉽지는 않다. 나 역시 복직하면서 미뤄둔 둘째의 장난감 놀이 동영상과 첫째의 방탈출 놀이 동영상 촬영이 여전히 아이들과의 약속 목록에 남아 있다.

● 부모가 일관성 있는 원칙으로 아이의 습관 키우기

미디어 시대를 살아가면서 아이들이 미디어에 어느 정도 노출되고 어떻게 받아들이게 할 것인지는 대부분의 부모가 가지는 관심사이다. 무조건 못하게만 하는 것은 시대의 흐름에 역행하는 것 같고, 그렇다고 무한정 허용하기에는 성장과 발달에 악영향을 미칠까 염려스럽다.

아이들과 지내며 성장을 관찰한 경험으로는 답을 정해놓고 접근하기보다는 아이들의 월령과 기질 그리고 부모의 가치관에 따라 풀어야 할 문제라고 생각한다. 나도 초기에는 다소 강제성을 가지고 제한했지만, 그것으로 그치는 것이 아니라 적절한 대안을 아이들에게 제시하고 습관화될 수 있도록 일정 기간 규칙성을 가지고 접근했다. 사실 동영상 시청 자체를 우려하기보다는 무조건적인 동영상 시청이 문제라고 생각했다.

사람은 사회적 동물이라는 말이 가지는 의미는 크다. 미래에 기술이 발달하고 AI와 기계들이 사람을 대신하는 세상이 온다지만 사람을 이해하고 소통하고 이어주는 것은 여전히 사람이 해야 할 일이다. 그런 측면에서 자신의 욕구와 감정을 이해하고 참을성 있게 인내하는 과정이나 습관을 형성하는 것 그리고 자신이 만든 동영상을 시청하는 다른 이들을 배려하고 고민하는 것들이 의미가 있다고 본다.

마지막으로 정리하자면 스마트폰과 TV에 의존하는 아이를 변화시키기 위해서는 엄마와 아빠가 일관성 있는 원칙을 세우고 아이에게 휘둘리지 않고 그 원칙을 습관화가 될 때까지 유지하는 것이다. 이 과정에서 필요하면 동영상 시청의 대안을 제시하거나 유혹을 느끼지 않도록 아이의 시선에 영상기기가 눈에 띄지 않도록 하고 어느 정도 동영상 시청에 대한 의존성이 감소하고 자기주도적인 판단이나 대화가 가능한 시기라면 영상물에 대한 의존적이고 수동적인 태도를 변화시킬 수 있도록 새로운 경험의 기회를 제공하는 것도 추천한다. 이 중에서 일관성과 습관화라는 두 가지 키워드는 반드시 기억해주기를 바란다.

5장

육아휴직이 끝나고 난 뒤

육아휴직의 목표가 살림하는 아빠는 아니다

육아휴직을 마무리하고 복직을 준비하며

2018년 봄, 1년의 육아휴직을 마무리하고 복직을 했다. 돌이켜보면 지난 1년은 시간의 가속도를 극명하게 체험할 수 있는 기간이었던 것 같다. 육아와 가사에 적응하려고 노력했던 초기 3개월은 시간이 더디 가는 느낌이었지만, 육아휴직의 중반을 넘어서면서는 시간이 점점 빠르게 흘러간다는 생각이 들었다. 심지어 복직을 코앞에 두고는 여건만 된다면, 아이들과 더 많은 시간을 보내고 싶은 마음이 강하게 들 정도였다. 하지만 세상일이라는 것이 내 마음 같지는 않기에, 직장 내 여러 가지 사정 때문에 1년의 육아휴직을 모두 채우지 못하고 복직하게 되었다.

육아휴직을 통해 나를 알게 되다

과연 육아휴직은 나에게 있어 무엇이었을까? 아내의 복직과 첫째의 초등학교 입학 그리고 둘째와 셋째의 어린이집 입소가 육아휴직의 중요한 이유였지만, 아내와 아이들을 이해하고 공감하기 위한 모든 과정이 그 안에 포함되어 있었다. 이 기간을 통해 여전히 부족한 나를 알게 되고 내가 배우지 못했고 깨닫지 못했던 남편과 아빠로서의 역할을 자각할 수 있는 계기가 되었다.

소크라테스가 설파했다는 "너 자신을 알라."라는 말을 되새겨본다. 나는 나 자신을 몰랐기에 수많은 시행착오를 거칠 수밖에 없었다. 나를 몰랐기에 어떤 남편이 되어야 하는지에 대한 자각이 없었고, 나를 몰랐기에 어떤 아빠가 되어야 하는지 목표와 노력이 없었다. 그저 부모 세대가 살아온 것처럼 시간이 해결해 줄 것이라 믿고는 더 이상 고민하려 들지 않았는지도 모르겠다. 그런데 배우지 않았다는 핑계로 내가 느껴온 이런 막막함을 아이들에게 고스란히 전해준다는 것은 일종의 직무 유기에 가깝다는 생각마저 들었다.

북유럽 국가들은 아이들에게 고정관념을 줄 수 있는 교육은 하지 않는다고 한다. 고정관념이나 정형화된 틀이 존재한다는 것은 사고를 방해하는 요소라 아이들의 창의성을 해치게 된다. 남자니까 혹은 여자니까 이래야 한다는 식의 성별에 따른 차별도 없으며, 심지어 사과를 검은색으로 색칠해도 아이의 창의성을 인정해주는 사회라는 것이 이채로웠다. 그 때문에 사람들의 사고방식도 유연하고 보다 창의적인 시도들이 꾸준히 이루어지는 것이라 생각한다.

성공적인 자녀교육의 3요소는 엄마의 정보력, 조부의 재력, 아빠의 무관심이라는 우스갯소리가 있을 만큼 육아뿐만 아니라 자녀교육에 있어서도 아빠는 소외되어 왔다. 나도 예외는 아니었다. 그런데 육아휴직을 하면서 나에게도 변화가 찾아왔다. 초등학생인 첫째의 학교 수업을 참관하고 학부모 상담에도 참여하면서 자연스럽게 교육에 관심을 가지게 되었다. 하지만 수시로 바뀌는 입시 정책을 바라보며 어떻게 지도해야 할지 답답하기만 한 마음에 관련 서적도 읽어 보고 비슷한 고민을 가지고 살아가는 아빠들의 모임이나 팟캐스트(인터넷 방송)에서 정보를 얻는 등 어느새 열혈 아빠가 되어 있었다.

그렇다고 이렇다 할 성과를 얻은 것은 아니다. 다만, 부모가 자녀교육에서 가져야 할 가치관에 대한 고민은 진지하게 시작하게 되었다. 아이를 부모의 의지에 따라 재단하고 설계하는 화가가 될지, 아니면 소질과 적성을 자연스럽게 키울 수 있도록 여건을 만들어주고 지켜보는 농부가 될 것인지의 선택에서 후자로 마음을 굳히게 된 정도다.

양육과 교육에 있어 방관자로만 머물던 아빠가 관심을 가지고 고민하고 의견을 말한다는 자체가 고무적인 변화의 시작이라고 생각한다.

삶을 공유하는 관계, 부부

앞서 얘기한 것처럼 배우지 못했다는 핑계로 아내와의 관계에서도 소극적인 부분이 많았던 것 같다. 내 편의대로 여자니까 살림과 육아는 주도적으로 해야 하고 아내의 직장은 부수적인 것에 지나지 않는다고 폄하하기도 했고, 가정의 생계를 책임지는 나의 성공이 곧 가족의 미래를 보장하는 길이라고도 생각했다. 한 번도 진지하게 아내를 이해하려고 노력했던 기억이 없는 것 같다. 육아휴직을 통해 아내의 고충과 마음을 일부 이해하게 되었고, 가족을 이끌어가는 강한 남편의 모습보다 부부간의 이해와 공감을 통해 함께 손잡고 나가는 남편이 되겠다는 결심을 하게 되었다.

결혼 전에는 혼자의 삶이었지만, 결혼과 출산을 통해 가족이 생겼고, 특히 아내는 평생을 함께 살아가야 할 반려자이기에 내가 아닌 우리를 생각하게 되었다. 나에서 우리로 시야가 넓어지자 그전에는 미처 보이지 않았던 것들이 내 시야에 들어왔고, 동시에 아내에 대한 애정과 사랑도 깊어지게 되었다.

복직한 지금은 늘 아내의 마음을 헤아리려 노력하고 있다. 소파에 앉아 있기보다는 아내의 눈에 거슬릴 만한 것들을 치우거나 먼지가 보이면 청소기를 돌리며, 아내에게 집안일로 보일 만 한 것들을 미리 나서서 줄이려고 애쓰고 있다. 예전에도 하던 일이지만, 눈치를 보며 마지못해 청소하던 모습과는 내적 동기가 다르다. 집이라는 공간을 아내가 조금 더 편안하게 느끼면 그로 인해 아내의 마음에 여유가 생기고, 그렇게 형성된 감정의 평온함은 그대로 아이들과 나에게 돌아온다. 그 과정에서 나는 아내의 칭찬 없이도 내 행동에 대해 스스로 의미를 부여하는 선순환에 들어선 것이라 느낀다.

예전에 나는 집을 단지 내가 쉬는, 나를 위한 공간이라 생각했던 것 같다. 그래서 내 눈에 거슬리는 것이 있으면 불편하게 느꼈던 것도 사실이다. 그런데 육아휴직을 통해 집은 가족을 위한 공간이라 느끼게 되었으며, 이제는 아내를 위한, 아이들을 위한 공간으로 보았을 때 어떻게 하면 온 가족이 편안하게 보낼 수 있도록 만들어갈지 고민하게 되었다. 또한, 가족을 내게 종속된 일부로 보는 시각이 얼마나 잘못된 것이었는지 육아휴직을 통해 깨닫게 되었다. 가족은 소유하는 대상이 아니라 서로 존중하는 관계이자 동반자임을 잊어서는 안 된다.

육아휴직으로 변화된 삶의 태도

업무에서도 스스로 변화되었다는 것을 느낀다. 전형적이지는 않지만 나는 경상도 'B'형 남자라는 편견에서 벗어날 수 없었다. 다른 사람의 말을 듣기보다는 말하기를, 존중하기보다는 존중받기를 선호했다. 그런데 아이들과 시간을 보내며 나 자신을 돌아본 경험이 나에게 포용력과 소통의 능력을 길러준 것 같다. 타인이나 하급자의 실수에 인색하게 굴던 내가 '사람이기에 실수도 할 수 있다'는 관용적인 태도를 보이게 되었고, 상대방의 행동이나 업무의 결과에 대해 기다릴 줄 아는 인내심도 가지게 되었다. 이런 상황이 되면 자연스럽게 여유가 생기고 그것이 표정을 통해 드러나게 된다. 그로 인해 나를 대하는 사람들이 편안함을 느끼게 되는 것이다. 늘 경쟁과 조급함에 쫓겨 다니던 모습을 편안하게 느낄 사람은 없다. 업무도 사람이 하는 일인지라 나의 태도와 동료들과의 관계는 정말 중요하다. 그것이 팀워크이고 협력인데 육아휴직을 통해 가족과의 관계를 재정립하면서 동료들을 돌아보는 계기가 되었다.

그 때문인지 전보다 체중은 줄었지만, 얼굴이 편해 보이고, 좋아 보인다는 이야기를 많이 듣는다. 육아휴직자라는 꼬리표가 만들어낸 이미지일수도 있지만, 거울을 보면서 나 역시도 표정이 달라졌다는 느낌을 받는다. 단거리 경주를 하듯이 전력 질주를 해야만 한다는 생각에서 벗어나 장거리 마라톤에 참가한 선수의 심정으로 나의 컨디션과 페이스를 조절하니 함께 뛰는 동료들도 보이고 업무를 처리하는 과정에서 재미와 보람을 느낄 여유가 생긴 것 같다. 업무 효율은 반드시 투자한 시간에 비례하는 것은 아니다. 여유를 가지고 일을 전체적으로 살펴보고 더 나은 방법은 없는지 자연스럽게 고민하는 과정에서 효율성이 증가한다.

육아휴직은 육아를 위해 휴직한 시간이었지만, 이를 계기로 가족과 함께한 시간 덕분에 아내와 아이들을 이해할 수 있었다. 단순히 이해의 수준에서 그친 것이 아니라 나의 유년시절 경험을 바탕으로 아이들이 열린 생각과 태도를 가질 수 있도록 아빠의 역할과 이미지를 만들어갔다. 양성평등의 미래사회에서 아이들이 내가 겪었던 정체성의 혼란과 고정관념에 갇히는 불행을 겪지 않기를 바랐기 때문이다. 나 역시 기존의 경직된 조직의 시야에서 벗어나 생각의 지평을 넓힐 수 있었고 일상 업무 중에 마주치는 여자 동료들과의 대화나 업무협조가 한결 편하고 부드러워졌다. 대화 중에 주고받는 일상적인 요소들에 대해 공감대가 바탕이 된 덕분일 것이다. 그래서 육아휴직에 대해 상담을 요청하는 지인이나 동료들에게 나는 육아휴직을 적극적으로 권하는 육아휴직 전도사가 되었다. 육아휴직을 통해 그들의 삶이 변화하고 원하는 행복에 다가갈 수 있는 기회가 될 것이라 믿기 때문이다. 남성 육아휴직자를 단순히 살림하는 아빠로 오해해서는 곤란하다. 육아휴직이라는 기간에도 그들은 끊임없이 성장하고 있으니 말이다.

"아빠 이제 회사 가?"

복직 3개월 전부터 복직에 따른 변화 준비하기

복직할 시기가 다가올수록 늘 마음에 걸리는 것이 바로 아이들이었다. 엄마와의 생활에 익숙하던 아이들이 아빠의 휴직으로 변한 환경에 적응하는 데도 어려움이 있었는데, 이제는 엄마와 아빠의 맞벌이 생활에 또다시 적응해야만 했기 때문이다. 그래서 복직을 3개월 정도 앞둔 시점부터 아이들에게 다가올 변화를 설명하고 이해를 구해야만 했다.

첫째는 초등학교 2학년으로 올라가는 시기여서 어느 정도 이해하는 눈치였지만, 아직 말이 통하지 않는 어린 셋째는 '아빠 곧 회사 가야 해~' 라던가 혹은 '아빠 곧 빠이~ 빠이~ 해야 해~'라며 설명을 해주어도 이해하지 못하고 이내 눈물을 글썽이면서 품에 안기곤 했다. 그럼에도 선택할 수 있는 대안은 적었고, 아이들이 잘 따라주기를 바라면서 생활 방식을 하나씩 바꾸기 시작했다.

우선 첫째의 학원 일정부터 조정했다. 1학년 1학기부터 방학 동안을 학원 적응기로 보고 첫째가 원하는 학원 위주로 최소화해서 보냈다. 2학기부터는 학원 시간을 조금 더 늘려서 5시쯤 하원이 되도록 했다. 2학기 후반 정도가 되자 아이가 피곤을 느끼기는 했지만, 어느 정도 적응된 듯해서 저녁 7시쯤 집에 돌아올 수 있도록 방과 후 수업과 학원 일정을 조절했다.

이렇게 단계적으로 아이가 적응할 수 있는 기간을 두긴 했지만, 바뀔 수밖에 없는 사정은 꼭 생기기 마련이다. 첫째가 좋아하는 피아노 수업 때문에 학원 일정을 조정하다 보니 아이가 집에 일찍 돌아오는 날이 생겼다. 그런 경우를 대비해 아이가 좋아하는 책 읽기나 영어 공부를 할 수 있도록 여건을 만들어주기는 했지만, 아직은 어리다 보니 혼자 있는 시간을 종종 무서워했다. 그럴 때는 할머니나 고모 혹은 엄마, 아빠와의 전화 통화로 그 시간을 이겨내고 있다.

학원 선정도 아내와의 상의 끝에 선행 학습이나 학교 수업보다는 예체능 위주로 하는 것이 좋겠다고 판단했다. 방과 후 수업으로 컴퓨터, 도예, 바이올린, POP 손글씨를 신청했고, 학원은 피아노, 미술, 수영으로 등록했다. 이는 무엇보다 아이의 만족도를 우선적으로 고려해 선정한 과목들이었다. 학교와 학원 수업에 지친 아이의 모습을 보는 것이 부모로서는 가슴 아프고 미안한 일이기에 가급적 좋아하는 과목을 배우는 것이 아이를 위한 일이라 생각되었다.

둘째는 기존 사내 어린이집에서 시립 어린이집으로 옮겼다. 셋째가 사내 어린이집 입소가 가능했다면, 기관 이전을 하지 않아도 되었을 테지만, 아쉽게 연이어 낙방하는 바람에 어쩔 수 없는 상황이 되었다. 아이 둘이 서로 다른 어린이집을 다니게 되면 출퇴근이 더 복잡해지기 때문이다. 그로 인해 아내의 퇴근이 늦어지면 집에서 기다리는 첫째의 불만이 커질 수밖에 없었다. 아직은 초등학교 2학년으로 보살핌이 필요한 시기였다.

셋째 역시 기존에 다니던 시립 어린이집에서 형과 함께 조금 더 규모가 있는 곳으로 옮겼다. 기존의 시립 어린이집도 선생님들이 좋고 회사에서 가깝기는 했지만, 규모가 작다 보니 아내의 퇴근 시간까지 보육 서비스를 받기에 어려움이 있었다. 그래서 규모와 시스템이 갖춰진 곳으로 형과 함께 기관 이전을 했다. 아이들의 적응을 염려하기는 했지만, 타 어린이집을 다닌 경험이 있다 보니 현재는 큰 어려움 없이 등원하고 있다.

아이들의 적응을 돕기 위해 시간이 될 때마다 선생님들과 상담하고 조언을 구했으며, 기회가 될 때는 부모 참여 수업 등에 적극적으로 지원해 선생님과 같은 반 아이들과의 좋은 관계를 유지하기 위해 노력하고 있다.

둘째와 셋째의 하원도 적응 기간을 거쳐 저녁까지로 시간을 늘렸다. 기관 이전 후 점심까지만 시도하다가 점차 낮잠 시간 그리고 저녁 식사까지 적응할 수 있도록 복직 전부터 여유를 가지고 하원을 시켰다. 나의 복직을 일주일 정도 앞둔 시점이 되었을 때는 등·하원을 온전히 아내에게 맡기고 복직 준비와 미뤄왔던 집안일을 마무리할 수 있는 정도가 되었다.

나 홀로 육아를 위한 준비

이와는 별도로 아내가 직장과 육아를 병행할 수 있도록 준비를 해야만 했다. 나의 육아휴직을 핑계로 건조기와 로봇청소기를 장만하기는 했지만, 복직 이후에도 이 기기들은 유용하게 맡은 역할을 잘해주고 있다. 퇴근 후에는 아이들의 목욕과 아침 설거지 등으로 바쁜 경우가 많아 미리 예약 세탁을 해두면 건조기로 옮기는 일은 엄마를 극진히 위하고 사랑하는 둘째가 거들어주었다. 둘째는 장난감이나 기계에 관심이 많아 세탁기와 건조기의 버튼을 누르고 예약이나 작동시키는 것도 도맡아 하는 편이다. 그 사이 로봇청소기를 안방에서 돌리고 안방 욕실에서 아이들을 목욕시키는 동안 혹은 아이들이 잠든 다음에 거실에서 작동시키면 바닥 먼지는 청소가 된다. 그 외의 대청소는 주말을 통해 해결하기로 했다.

가사나 아이 돌보미도 고민을 해보았지만 믿을 만한 사람을 찾기도 쉽지 않았고, 아이 셋이 있는 집에 선뜻 오겠다는 사람도 없었다. 비용적인 부분에서도 앞으로 들어갈 세 아이의 교육비를 생각했을 때, 쉽게 결정하기 어려웠다. 결국 아웃소싱은 이왕 고생하는 김에 일단 보류하고 좀 더 지켜보기로 했다. 필요할 경우 주 2회 정도 가사 도움만 받는 쪽으로 결론을 내렸다.

둘째까지는 그간의 훈련을 통해 혼자서 옷을 입는 것에 익숙해지기도 했고, 아이들에게 아침에는 등교(등원)준비, 저녁에는 목욕하고 잘 준비를 먼저 한 다음에 원하는 것들을 하는 것이라고 계속해서 설명했다. 그렇지만 책을 좋아하는 첫째와 장난감을 좋아하는 둘째의 행동 변화를 이끌어 내기에는 설득력이 부족했다. 그래서 바쁜 아침 시간에 아이들의 자발적인 도움을 이끌어 내기 위해 7시 30분까지 옷을 갈아입고 양치를 끝마치면 달력에 스티커를 하나씩 붙여주기로 했다. 그리고 일주일간 모은 스티커의 양에 따라 주말 간식을 고를 수 있도록 약속했다. 사실 칭찬스티커나 간식을 통한 보상은 그릇된 인식을 심어줄 수도 있고 건강 측면에서도 가급적 지양하는 것이 바람직하지만, 필요에 따라 적용하는 것은 현실적으로 유용한 방법이다. 덕분에 첫째와 둘째의 등교·등원 준비가 한결 수월해진 것이 사실이다.

익숙한 것에서 오는 심심함을 덜고 새로운 것에 대한 자극을 주기 위해 주말이면 지역 도서관 몇 군데와 장난감 도서관(지자체 장난감 대여점)에 들른다. 도서관 한 곳당 1인 7권이어서 가족 명의로 35권씩 2주간 대출이 가능하다. 도서관 2곳이면 70권으로 충분한 책을 집에 구비해 놓을 수 있다. 집 근처에 도서관이 3~4곳 있어서 책은 부족함이 없고, 장난감 도서관(지자체 장난감 대여점)에서도 한 번에 2개의 장난감을 대여해주기 때문에 육아휴직 중에도 그랬지만, 복직 후에도 유용하게 활용한다. 아빠의 복직 전과 후의 환경 차이를 줄여주기 위해 주말에도 짬을 내어 도서관 투어를 계속하고 있다.

아이들과 대화를 계속 이어나가기 위해서는 소재가 필요하다. 대화의 소재는 일상에서 얻기가 가장 쉬우며 이를 통해 아이를 이해하는 것은 물론 소통도 할 수 있다. 요즘은 초등학교나 어린이집의 알림장이 모바일로 대체되어 멀리 떨어져 있더라도 아이의 일과나 일상을 사진이나 알림 노트를 통해 알 수 있다. 그리고 선생님의 조언이나 궁금한 점에 대한 답변을 받을 수가 있다. 주말에만 아이들을 만나다 보니 일일 드라마를 띄엄띄엄 보는 듯한 기분이 들 때가 있는데, 이런 수단을 활용하면 아이에 대한 추억을 매일 이어갈 수 있고, 대화의 소재로 삼기에도 좋다. 그리고 아이도 자신의 일상에 대해 아빠와 대화를 나누다 보면 비록 멀리 떨어져 있지만, 아빠에게 관심과 사랑을 받고 있다는 느낌을 받는 것 같다.

한때는 육아휴직 기간을 통해 형성된 아빠에 대한 애착을 강제로라도 엄마에게로 돌려야 한다고 생각했다. 그래서 졸려서 아빠를 찾으며 우는 막내를 외면한 적도 있었다. 그렇게 울다가 놀이방 구석에 엎드려 잠든 아이를 보며 '정 떼기'라 불리는 이런 과정이 꼭 필요한 것인가 하는 의문이 들었다. 그리고 실제로도 주말부부의 삶으로 돌아왔지만, 여전히 금요일 저녁 집으로 돌아온 아빠를 향해 소리치며 달려와 안기는 아이들의 모습에서 복직한다고 해서 의식적이고 의도적으로 아이들과 거리를 둘 필요는 없다는 것을 느꼈다.

사실 주 양육자가 바뀜에 따라 아이들이 스트레스를 받는다는 논문들도 대부분 부모에서 조부모로 바뀌거나 부모에서 어린이집 선생님으로 바뀌는 것들을 전제 조건으로 내놓는 경우가 대부분이다. 육아휴직을 통해 엄마와 아빠 사이에서 이루어지는 양육의 중심 변화는 같은 공간을 공유하고, 부부 사이에 대화를 통해 일관된 육아 원칙을 지켜나간다면 아이들에게 스트레스로 작용하지는 않을 것이다. 돌이켜보면 이러한 걱정 역시 아이들 중심으로 생각한 것이 아니라 부모의 과잉 염려가 원인이 되어 일어난 해프닝이었다.

지난 1년의 육아휴직을 통해 아빠도 성장했지만 아이들도 성장했다. 그리고 지난 시간을 통해 형성된 신뢰와 아이들의 적응력을 바탕으로 주변의 우려와는 달리 안정적인 가족 관계를 형성하고 유지하고 있다. 이제 아이들은(특히 첫째는) 어느새 부모의 손에 이끌려 걸음마를 하던 시절을 지나 서서히 독립된 인격체로 성장하고 있다. 이제는 육아에서도 다음 단계로 넘어가야 할 시기가 된 것이다.

아내와 육아·가사 분담 어떻게 할까?

아빠 육아휴직으로 변화된 가족

엄마 육아에서 아빠 육아로, 그리고 다시 엄마 육아로. 일상은 다시 원점으로 돌아갔다. 하지만 육아휴직의 시간을 보내며 나도 가족들도 변화했다. 그중에서도 그동안 방관자적인 입장에 머물던 내가 육아와 가사에서 조력자의 위치에 올라섰다는 것이 가장 큰 변화라고 생각한다.

이런 변화 덕분에 아내와 함께하는 육아와 가사의 설계가 가능했다. 그리고 가족 안에서 부부가 중심이 되고 가장 중요하다는 것도 깨닫게 되었다. 더불어서 나의 시각과 입장에서 아내와 아이들을 판단하고 이해하려 했던 일방적인 태도에서도 탈피할 수 있게 되었다. 가족은 설사 그 대상이 어린 자녀라 할지라도 서로 이해와 배려가 필요하다는 것을 알고 난 이후, 가족들과 소통이나 유대감 측면에서도 발전이 있었다.

양육자로서의 아버지의 역할에 관한 다큐멘터리나 방송프로그램을 보면 보통 아빠는 회사 일로 양육을 엄마에게 위임하고 '가족이니까 나를 이해하겠지' 하는 마음으로 무관심한 시기를 보낸다. 그러다 아이가 사춘기에 접어들며 자녀의 양육이 힘에 부치게 된 엄마가 SOS를 보내면, 아빠는 그때서야 아이를 붙잡고 이야기를 시도한다. 하지만 아이에게 이미 아빠는 없는 존재나 마찬가지고, 그런 아빠의 말이 아이에게 제대로 먹히지도 않는다. 결국 감정의 양 끝단에서 대치하는 부자 혹은 부녀 관계가 되고 마는 것이다.

과거의 나라면 비슷한 상황에 놓일 수 있었겠지만, 휴직을 통해 생각이 바뀐 지금, 복직을 핑계로 힘겹게 쌓아온 가족과의 관계를 원점으로 돌릴 수는 없었다. 특히, '중2병'이라 불리며 부모와 자녀 사이의 소통이 감소하게 되는 사춘기를 대비해 아이들과의 감정계좌 잔고는 지속적으로 유지해야 할 필요가 있었다. 그래서 아이들과의 관계를 지속하기 위한 방법들을 고민했다.

양육 환경 측면에서 가사도 중요한 요소 중의 하나다. 가사 부담이 늘어나면 양육자의 피로감과 스트레스가 늘어나고 이는 자연스럽게 아이들에게 직간접적으로 전해질 수밖에 없기 때문이다. 가사 부담을 경감시키기 위해서는 내·외부적 요소와 인적·물적 요소의 개선이 필요하다. 이를 위해 아내와 함께 활용 가능한 요소들을 목록화하고 단계적으로 적용하기로 했다.

육아 분담
(엄마와 아빠의 역할 나누기)

육아 분담에 있어 대체적으로 아내는 기숙사 사감이나 담임 선생님의 역할을 담당한다면 나는 체육이나 특별 활동 교사의 역할을 맡는 편이다. 성격적인 특성도 있지만 아이들과의 관계 형성을 위해 아내가 배려한 측면이 크다. 사실 이런 역할의 설정은 부부간의 대화를 통해 충분히 조절 가능한 부분이다. 어쨌든 대부분의 육아 분담은 이렇게 설정된 역할에 따라 분류해 담당하고 있다.

육아를 생각할 때 가장 중요한 것은 아이들과의 관계 유지다. 복직은 했지만, 여전히 아이들을 사랑하고 늘 생각하고 있다는 확신을 심어주고 싶었다. 게다가 아내가 신경 쓰기 힘든 부분을 담당함으로써 양육 부담도 줄여주는 것도 필요했다. 특히, 초등학생인 첫째는 이전보다 조금씩 예민해지고 있어 적절하게 감정을 풀어주지 않으면 엄마와 마찰을 일으키곤 했다. 사실 사회생활을 통해 우리가 익히 알고 있는 것처럼 일(업무) 자체가 힘든 것보다는 사람(관계)이 힘든 경우가 많다. 육아도 아이들을 돌보는 행위 자체보다는 아이들이 의도한 대로 잘 따라주지 않는 데서 오는 스트레스가 클 수밖에 없다. 그래서 관계 유지가 중요한 것이다.

아직 별도로 휴대전화(통신 수단)가 없는 둘째와 셋째는 제외하더라도 첫째는 키즈폰을 가지고 있었다. 그래서 나는 아내를 대신해서 하교 후 혹은 학원이 끝나고 혼자 있을 아이와 통화를 했다. 아이가 학교와 학원으로 가득 찬 일상을 지루하게 느낄까 봐, 때로는 학업에 동기부여를 해주려고, 때로는 격려하려고 자주 통화를 했다. 통화 외에도 매일 아침마다 문자를 보내서 아빠를 생각하고 하루를 긍정적으로 시작할 수 있도록 도와주려 노력했다. 그렇게 아이와 주고받은 문자가 쌓여 갈수록 아이와의 감정공유가 깊어짐을 느낀다.

대화는 나이와 성별을 뛰어넘어 관계에 있어 중요한 요소다. 사람은 그 대상이 어른이든 아이든 나의 요구나 이야기를 들어주는 사람에게 지속적으로 반응하게 되어 있다. 그것이 바로 대상에 대한 긍정적 감정이 형성되는 과정이다. 첫째와 둘째가 끊임없이 엄마와 아빠를 부르며 자신의 이야기에 귀 기울여주기를 바라는 모습에서, 심지어 이제 막 말문을 틔운 셋째조차 완벽하지 않은 단어로 자신의 이야기를 들어줄 때까지 반복해서 말하는 모습에서 아이들이 얼마나 부모의 사랑과 관심을 필요로 하는지 느낄 수 있다. 이제 자신의 가치관을 형성하고 있는 첫째는 더욱 관심이 필요한 시기인데, 가끔 동생들에게 밀려서 자신이 원할 때 관심을 받지 못하는 경우가 있다. 그래서 나는 전화 통화로 아이의 이야기를 들어주려고 노력하고 있다.

대화는 특별한 노하우가 필요하기보다는 얼마나 아이에게 관심을 가지고 있느냐가 중요한 요소다. 학교에서 보내는 알림장 앱(Kids Note APP)이나 학원의 피드백, 아내와의 대화나 일상과 관련된 모든 것들이 대화의 소재가 된다. 나도 처음에는 아이와 10분만 통화해도 더 이상 할 말이 없어 곤란한 경우가 많았지만, 몇 가지 소재를 미리 정하고 대화를 하다 보니 이제는 30분도 거뜬하다. 대화가 많아지면 자연스럽게 아이가 관심을 가지는 대상이나 지금 가지고 있는 생각 등을 알 수 있고 아이의 생각을 바탕으로 양육이나 교육 방침을 세울 수가 있다. 이런 역할을 아빠가 할 수 있다면, 일 때문에 아이와 함께하는 시간이 적다고 결코 아이와의 관계가 멀어지거나 주말을 통해 실점을 만회하려고 무리하는 일도 줄어든다.

내가 이렇게 첫째 아이와의 관계를 위해 노력하는 것은, 첫째가 심리적으로 불안정하거나 불만이 생기면 엄마가 힘들어지고 동생들과의 트러블이 발생하기 때문이다. 그래서 미리미리 대화를 통해 아이의 마음을 파악하려고 노력하고 있다. 그리고 그런 노력 덕분인지 대체적으로 동생들과도 잘 놀아주는 것은 물론이고, 장난기 가득한 아들들이 안아달라는 요구를 할 때 첫째가 나서서 '아빠는 힘드시니 차라리 내가 안아주겠다'고 말하는 등 아빠를 헤아리는 마음까지도 보여주고 있다. 이렇게 첫째의 심리가 안정되고 동생들과도 원만한 시간을 보내는 덕분에 아내의 저녁 시간이 조금은 여유로워질 것이라 생각한다.

아이가 사용하고 있는 키즈폰의 부가 기능을 활용하는 것도 아내의 육아를 덜어줄 수 있는 좋은 방법이다. 우리가 사용하는 '준3'라는 제품의 경우 미션 기능이 있어서 아이에게 좋은 습관을 만들어주는 데 도움이 된다. 책 읽기나 숙제하기 혹은 동생들과 놀아주기 등 엄마의 일을 줄일 수 있는 요소를 미션으로 정해주면 된다. 실천했다고 체크할 때마다 일종의 스티커를 보내줄 수도 있고, 미리 약속한 수량의 스티커를 모으면 선물을 받을 수 있다. 아이는 매일 스티커를 모으는 재미와 미션을 완료했을 때 받는 보상이 동기 부여로 작용해서 적절하게 관심을 주면 잘 실천하는 편이다. 가끔 둘째는 누나가 받는 보상이 부러운지 빨리 초등학교와 학원에 가고 싶다고 이야기하기도 한다.

둘째와 셋째 아이에게도 아빠는 충실한 놀이꾼이자 깜짝 선물의 역할을 담당하고 있다. 나는 아이들이 주중 저녁에는 충분히 하지 못한 놀이에 대한 욕구를 주말을 통해 충족시켜 주고, 특별한 주말 일과를 계획해 즐기는 역할을 한다. 블록방이나 영화관, 체험형 시설 등을 방문하고, 아이들이 평소 가지고 싶었던 장난감을 위해 모은 용돈으로 장난감을 사는 일 등은 모두 내 몫이다. 책임감을 가지고 찾다 보니 의외로 가볼 만 한 지역 축제나 행사들이 많다는 사실에 놀랐다. 역시 관심을 가지고 보면 보이지 않던 많은 것들이 눈에 들어오는 법이다.

집안일 분담,
주중과 주말 나누기

집안일은 아내가 직장 생활과 육아를 병행함에 있어 부담을 줄여주는데 초점을 맞추었다. 예전보다는 예약 세탁 기능과 건조기, 로봇청소기의 사용으로 집안일의 부담은 크게 줄었다. 그래도 계속 생기는 기본적인 청소와 빨래 외의 집안일은 주말에 하기로 했다.

주중에는 오전 8시면 아이들과 집을 나섰다가 저녁 8시에 돌아오다 보니 집에서는 거의 잠만 자는 형편이었다. 아이들이 저녁 시간 잠깐 어지르는 것 외에는 크게 지저분하지 않고, 따로 그 방만 정해서 주말에 그 방만 청소하면 된다. 주중에는 주로 그 날 나온 빨래와 간단하게 먹은 아침 설거지 정도가 있을 뿐이다.

집안일 중에 빼놓을 수 없는 것이 바로 장보기다. 하지만 아이들과 함께하는 유일한 시간인 주말을 마트에서 보낼 수는 없기에 대부분의 장보기를 온라인으로 해결했다. 마트에 들르기만 하면 장난감을 사달라고 조르는 첫째 때문에 예전에도 잠시 온라인으로 장을 본 적이 있지만, 지금은 단지 시간을 절약하는 방법으로 선택했다.

마트 방문을 장보기 이상으로 활용하는 사람도 있지만, 토요일은 아이들과의 특별 활동으로 일요일은 교회와 도서관으로 일정을 채우면 마트에 들르는 2~3시간도 아까울 수밖에 없다. 게다가 한때는 물건을 직접 보지 못하고 구매하는 것에 심리적 거부감과 우려감을 가지고 있었는데, 오히려 직접 고른 것보다 양질의 상품이 배송되고 있어 지금은 선호하고 있다.

게다가 마트에서는 둘러보다가 꼭 사지 않아도 될 제품까지 사게 될 때도 있지만, 온라인 장보기는 이런 충동적인 지출에 대한 통제가 되어 오히려 합리적인 소비를 할 수 있다.

어떤 형태라도 집안일은 분담해라

가족과 떨어져 있다고 해서 육아와 집안일에 참여할 수 없는 것은 아니다. 또한 가정마다 육아와 집안일을 나누는 기준도 다를 수 있다. 중요한 것은 아빠도 의지만 있으면 아이들이 주말을 기다리며 주중을 충실히 보낼 수 있게 돕는 역할도, 아이와의 대화를 통해 심리와 컨디션을 챙기는 역할도 담당할 수 있다.

집안일 중에서도 각종 세금이나 관리비, 금융 업무, 장보기 등 장소와 관계없이 처리할 수 있는 부분을 맡는 것도 도움이 될 수 있다. 이 모든 것들이 육아휴직을 통해 육아와 가사에 동참하며 깨닫게 된 것들이며, 아내의 수고에 대한 최소한의 고마움을 표현하는 방법이라고 생각한다. 사실 육아와 가사를 칼로 자르듯이 명확하게 나눌 수는 없다. 서로 얽힌 부분이 많기 때문에 아내와의 소통을 통해 내가 할 수 있는 부분이 무엇인지 고민하고 찾으려고 노력할 때 발견할 수 있다. 가정 안에서 내가 무엇을 해야 할지 더욱 명확하게 판단할 수 있고, 그러한 과정을 통해 서로가 노력하고 있다는 느낌을 가지게 된다면 육아와 가사는 서로 이익과 손해를 나누는 제로섬이 아니라 서로 이익을 나누는 Win-Win 하는 전략이 될 수 있다.

복직은 끝이 아닌 시작 : 워라밸 유지하기

다시 주말부부, 주말 아빠로 살아가기

일요일 저녁은 주말부부로 살아가는 아빠에게는 만감이 교차하는 시간이다. 아이들과 후회 없는 주말을 보내기 위해 모든 에너지를 쏟아 부은 시간의 끝이자 곧 다시 헤어질 아이들에 대한 미안함이 시작되는 시간이다. 무리한 일정에 낮잠이 부족했는지 셋째는 잠에 곯아떨어졌고, 온종일 쉴 틈 없이 놀이에 집중하고 끊임없이 장난치던 둘째는 나와 함께 학습지를 하려다 잠들었다. 책에 빠져 있던 첫째도 졸음이 쏟아졌는지 평소에 혼자서도 잘하는 양치를 '제발 양치 좀 시켜주세요!' 하며 부탁하더니만 슬그머니 침대로 가 눕는다. 일정 문제로 유일하게 허락된 토요일 낮잠을 빼앗긴 탓인지 아내도 단잠에 빠진 시간이다.

벌써 휴직의 기억은 무의식의 세계로 가고 내 몸은 본능적으로 업무에 적응하고 있다. 그러다 보니 과거의 습관이 나도 모르게 불쑥불쑥 튀어나온다. 아직도 내 잠재의식 속에는 예스맨(yes man)의 본성이 있어서 가족과 함께해야 할 주말에 업무 요청이 와도 적극적으로 거부하지 못할 때가 있다. '사람은 잘 변하지 않는다'라는 말처럼 타고난 본성이나 기질의 변화는 더디 오는 것 같다. 그렇다고 변화가 불가능한 것은 아니다. 변화를 위해서는 나와 환경이 달라져야 하는데 그 계기를 육아휴직이 만들어주었다.

인생은 경주와 같다는 생각을 가지고 살아왔다. 사회생활을 시작하며 고속도로에 올라탄 심정으로 인생의 가속 페달을 밟으며 속도를 내기 시작했다. 딱히 목적지를 정한 것은 아니었지만, 이 길의 끝 어딘가에 내가 가야 할 곳이 있는 것만 같았고 나와 같은 길을 달리고 있는 다른 사람들을 보면서 끝없는 경쟁의식을 불태웠다. 신나게 달리면서 물론 속도감을 맛보기도 했지만, 누군가가 나를 앞서기라도 하면 초조함이 밀려왔다. 마치 고속도로에서 화물차(장애물)가 내 차선을 막아서기라도 하면 그 뒤에서 애타는 마음을 진정시키며 분노가 치밀어 오르는 것처럼 말이다. 그런데 속도를 높이면 높일수록 내 시야는 점점 더 좁아지는 것 같았다. 다른 곳에 한눈을 팔다가 자칫 사고가 날 수 있었기에 주변을 둘러볼 여유 따위는 없었고 오로지 내가 가야 할, 끝을 알 수 없는 길만 보고 쉼 없이 달렸다.

그러다가 반복해서 스쳐 가는 고속도로의 풍경이 지루하게 느껴지고, 속도를 유지하기 위해 쏟았던 집중력과 체력이 소진되면서 삶의 피곤함이 밀려들기 시작했다. 같은 공간에 있지만 나는 운전만 하고 있고, 내 가족들은 제각각 다른 일에 몰두한 채, 서로에게 불만만 쌓이는 시간이 계속되는 듯했다.

그때 과감하게 깜빡이를 켜고 인생의 국도로 차선 변경을 시도했다. 그것이 바로 육아휴직이었다. 고속도로를 여전히 맹목적으로 달리고 있을 경쟁자들을 생각하면 조바심이 나기도 했지만, 왜 그 길의 끝을 향해 그리도 열심히 달려야 하는지에 대해 의문이 들었다. 그리고 국도가 선사하는 여유로운 경치와 그곳에서 살아가는 사람들의 삶이 눈에 들어오기 시작했다. 그제야 지금까지 제대로 관심을 가지지 못했던 내 가족들이 눈에 들어왔다.

내가 앞만 보고 달려가는 사이 내 곁에는 가족이 어느새 4명이 되어 있었다. 그리고 부모가 돌아봐주기를, 관심 가져주기를 바라는 아이들을 홀로 보살피고 있는 아내가 눈에 들어왔다. 가정이라는 운전대를 잡고 가족의 안전을 책임지고 있다는 명분으로 나는 아이들에게 눈길을 주기보다는 왜 가야 하는지 모르는, 남들이 가기에 따라가고 있는 그 길만을 응시하고 살았다.

인생의 속도가 줄어든 만큼 아내와 아이에게 관심을 가지고 대화할 여유가 생겼다. 경치가 멋지거나 한적한 장소를 발견하면 잠시 차를 세우고 아이들과 함께 손을 잡고 걷기도 하고 추억을 만들어볼 여유가 생긴 것이다. 그리고 나의 인생이 아닌 우리의 인생을 생각하게 되었다. 그러면서 가장이라는 이유로 가족들의 의견을 무시한 채 독불장군처럼 달려가다가 종국에는 홀로 외로이 인생의 여정을 보내고 있는 선배들의 모습을 보며 같은 길을 가지는 않겠다는 다짐을 했다.

육아휴직으로 조력자의 위치를 찾다

인생은 경주가 아니라 여정이다. 누가 먼저 도착하느냐보다는 삶의 매 순간을 추억과 의미로 채워가는 것이라고 생각한다. 다시금 주말부부로 돌아온 지금 생활은 휴직 전과 비교해 달라진 것이 없지만 내 마음가짐은 크게 변했다. 가족에 대한 미안함과 무기력함에 빠져 부정적이었던 과거와는 달리 지금은 떨어져 있더라도 아이들에게 해줄 수 있는 것에 집중하고 아이들과 만날 주말 계획을 세우는 설렘을 가지게 되었다. 육아와 가사의 어려움을 이해하게 되었기에 아내가 어떻게 하면 좀 더 나은 육아와 가사 환경을 가질 수 있을지 고민하게 되었다. 그리고 기회가 되면 일주일에 하루 정도는 아내가 주말을 통해 육아와 집안일을 잠시 내려놓고 온전히 자신에게 집중할 수 있게 해주려고 애쓰고 있다. 아직은 아내도 이런 나의 행동이 낯선지 영화라도 보고 오라고 해도 손사래를 치는 경우가 많지만, 누가 육아와 가사를 더하고 덜하고의 눈치 게임을 하는 것이 아니라 서로를 먼저 배려하는 것이 우선이라고 생각한다.

남자가 육아와 가사를 잘하지 못한다는 것은 편견이다. 남자들이 육아와 가사를 직·간접적으로 경험할 기회가 상대적으로 적었고 육아와 가사에서 의미와 보람을 찾는 방법을 몰랐기 때문에 관심이 적었던 것뿐이다. 육아휴직 전까지 육아와 집안일에 있어 초보자였던 내가 지금은 조력자의 위치에 당당하게 서게 된 것만 보아도 그리고 육아휴직에 도전한 수많은 아빠의 일상을 보아도 남자들이 할 수 없는 게 아니라 할 기회가 없었음이 분명하다.

육아휴직 전과는 달라진 직장 생활

일보다 가족을 우선순위에 놓는다는 것이 일을 소홀히 하는 것 아닐까 생각하는 상사들도 있다. 하지만 일과 가족은 서로 대립하는 요소가 아니라 상호 보완적인 요소라고 말하고 싶다.

내가 가족과 함께할 시간을 만들기 위해 일에 좀 더 집중하게 되었고, 내 가족을 생각하면서 직장 후배들의 가정생활을 염려하게 되었다. 이를 계기로 그들에게 좀 더 다가가려는 노력도 병행하면서 서로에 대한 신뢰도 쌓이는 느낌이다. 사람은 누구나 이해받기를 원하는 마음이 있어 이야기를 들어주고 공감해줄 때 쌓였던 불만이 사라지고 음지에서 양지로 나설 용기를 가지게 된다.

부서 혹은 상사들이 원하는 수준도 조금 달라졌다. 육아휴직의 전과(?)가 있어서 그런지 가급적 주말을 배려해주려는 분위기가 형성되고 있다. 아니면 승진과 평가라는 당근에 더 이상 반응하지 않을 것 같아서인지, 또는 상대적으로 나에 대한 기대 수준을 낮춘 탓인지 업무 수행에서 기대 밖의 긍정적인 평가를 받는 경우도 있다. 예전에는 열심히 일하고도 당연한 일을 한 듯한 대우를 받았다면, 지금은 비슷하게 일하지만 더 나은 평가를 받는 아이러니를 경험하는 기분이다.

아마도 업무를 대하는 나의 태도가 달라졌기 때문이 아닐까 생각한다. 지금은 어떻게든 주말을 확보하기 위해 주중에 최대한 효율적으로 업무를 수행하려고 노력한다. 일의 형식이나 본질에 따라 처리 방법이나 순서도 달리하고 있다. 예전의 소심하고 주눅이 들었던 태도에서 벗어나 조금 더 당당해진 것도 변화라고 할 수 있다. 주변 동료들 혹은 상사들의 평가에 민감하게 반응하던 시기에는 어떻게 하면 그들이 원하는 모습이 될지에 집착

했다면, 지금은 망설임 없이 있는 그대로의 나를 보여주면서 불필요한 스트레스도 받지 않는다. 좀 더 자신감 있게 된 것 같다. 즉 타인에 의해 정의되는 삶이 아니라 온전한 나의 삶을 사는 기분이다.

육아휴직 동안 얻은 여러 가지 경험과 정보는 내 군 생활에도 유용한 아이디어의 원천이 되어 새로운 제안이나 업무에도 적용하고 있다. 에버노트와 같은 앱을 업무 보조 수단으로 사용하기도 하고, 드론을 활용한 전술이나 작전 개념에 대한 고민도 함께하고 있다. 복직 후 조직 발전을 위해 단위부대에서는 착안하기 어려운 국방정책연구과제 선발, 경계 작전 아이디어 공모전, 공군 창의혁신 아이디어 공모 해커톤, 신개념기술시범과제(ACTD)에도 지원했을 뿐만 아니라 공군 에이스지에 기고문과 공군 4차 산업혁명 아이디어 제안도 제출했다. 휴직 전 반복되는 일상에 치여 있는 상황이었다면 결코 꿈도 꾸지 못할 일들이다. 그저 평소 하던 일만 잘하자는 마음으로 외면했을 기회에 도전하면서 채택 여부를 떠나 오랜만에 인생의 성취감도 맛보고 있다. 매일매일 반복되는 비행과 업무에 파묻혀 지냈다면 결코 생각하지 못했을 변화들이다. 이는 단순히 육아휴직으로 인한 경력 단절을 극복하기 위한 개인적인 노력에 그치는 것이 아니라 직장 내 육아휴직 사용에 대한 긍정적인 분위기 확산으로 후배들에게 혜택의 기회를 주고자 하는 의도도 포함하고 있다.

나의 워라밸은 현재 진행형

아직 나의 워라밸은 완성형이 아니라 현재 진행형이다. 여전히 조직 문화는 변화가 더디고 가족의 희생을 요구하는 직책들이 나의 앞길에 놓여 있다. 그렇다고 낙담하지는 않는다. 육아휴직을 통해 문제를 마주하는 가족의 태도와 방식에 대해 고민하고 함께 노력할 수 있는 경험을 쌓았기 때문이다. 아내가 생각하는 문제점들에 공감하고 함께 이야기 나눌 수 있는 부부간의 소통 능력, 아이가 느끼는 어려움을 거리낌 없이 말할 수 있는 가족 분위기와 통로를 만들었다고 생각한다.

가족회의를 통해 아이는 원하는 바를 부모와 함께 고민하면서 문제 해결 능력을 키워나가고 자신의 욕구를 다스리는 방법을 배우고 있다. 감사 노트를 통해 불평과 불만이 줄어들고 하루하루를 감사와 행복으로 채워가는 방법도 익히고 있다. 이런 변화들이 육아휴직이라는 기간을 통해 이루어졌고, 이는 나만의 워라밸이 아니라 가족 전체의 워라밸에 영향을 미친다고 생각한다.

우리 가족은 앞으로도 많은 어려움과 문제들을 마주하게 될 것이다. 하지만 이렇게 쌓아온 신뢰와 소통 그리고 경험을 통해 해결 방법을 모색해 나갈 수 있으리라는 믿음이 생겼다. 가족 간의 신뢰와 소통이라는 인생의 가장 큰 무기를 얻게 된 것이다.

TIP

아빠 육아의 동지를 찾아서

유명한 격언 중에 '빨리 가려면 혼자 가고 멀리 가려면 함께 가라'는 말이 있다. 인간은 사회적 동물이며, 삶은 경주가 아닌 여정이기에 혼자보다는 함께 가는 것이 여러모로 장점이 많다.

육아휴직을 통해 많은 부분에서 아내와 가까워졌지만, 여전히 아빠만이 가지고 있는 고민과 생각이 있는 법이다. 그렇기에 나의 고민에 공감하고 함께 고민해줄 동지를 얻는다는 것은 나의 기나긴 여정에 큰 도움이 된다. 뿐만 아니라 복직을 통해 자칫 육아와 가정에 소홀해질 수 있는 나에게 지속적인 자극을 주는 방법이기도 하다. 그래서 육아에 대한 비슷한 생각을 가지고 있는 아빠들을 찾아 나섰다.

사회적으로 남성 육아휴직이 조금씩 확산되면서 육아하는 아빠들의 접점도 조금씩 늘고 있다. 규모로 보면 '아빠를 위한 육아정보(100인의 아빠단)'라는 카페가 국내에서 가장 규모가 큰 온라인 커뮤니티이지만,

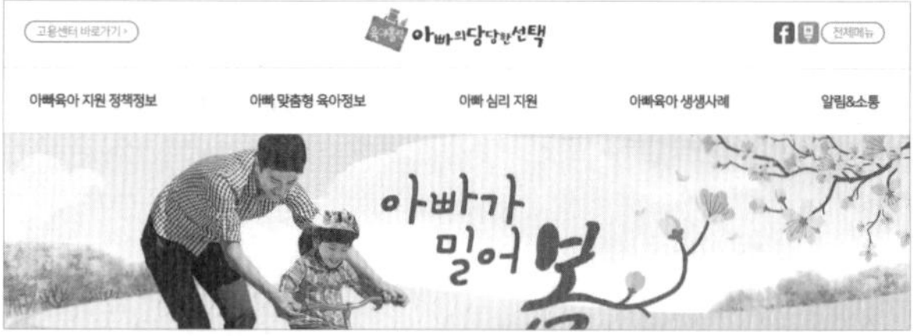

▲ 고용노동부 아빠넷 홈페이지(www.papanet4you.kr)

▲ 보건복지부 '100인의 아빠단 네이버 카페'(cafe.naver.com/motherplusall)

보건복지부가 중심이다 보니 회원 수에 비해 활성화 측면에서는 미흡하다. 고용노동부에서도 '아빠넷'이라는 홈페이지와 페이스북을 운영하고 있지만, 이 역시 일방적인 콘텐츠 제공에 아직은 누적된 자료의 양이 적어 활용도가 미비한 부분이 많다.

이러한 현실에 일부 육아휴직 아빠들이 자신의 경험을 바탕으로 아빠육아에 관한 책을 출판하고 강연하며 별도의 카페를 운영하고 있다. 하지만 이 역시 가입자 수가 천 명에도 미치지 못하는 소규모로 난립해 있는 실정이며, 자료의 양에 있어서도 부족한 점이 많다. 다만 강연과 연계해 점점 새로운 가입자나 게시물의 수를 적극적으로 늘려가고 있어 성장성이 높기는 하다. 이러한 노력들이 공통된 공간에서 이루어질 수 있는 광장의 기능을 할 플랫폼이 필요하다는 생각이다.

나 역시 온라인 활동을 꾸준히 이어가고는 있지만, 아무래도 온라인이라는 공간적 제약을 뛰어넘기는 힘든 부분이 있다. 일단 육아하는 엄마들의 맘 카페와 달리 아빠들의 육아 관련 온라인의 접점은 결속력이나 충성도가 낮은 부분이 많다. 대부분의 남성들은 자동차나 운동 같은 취미 위주로 활동하기 때문에 참가자 연령대의 범위가 넓어 '육아'라는 주제로 공감대 형성이 쉽지 않다. 그런 탓에 육아하는 엄마들은 온라인 커뮤니티를 통해 여러 가지 지역 정보(교육, 쇼핑, 생활 등)와 고민을 나누는 등 서로의 관심도나 접속률이 높지만, 아빠들의 육아 커뮤니티는 유인요인이 부족해서 접속률도 낮고 서로에 대한 호응도 저조하다.

그래서 나는 카페와 블로그 활동을 하며 거주지 중심의 오프라인 커뮤니티를 시작했다. 시작은 쉽지 않았다. 공개 채팅방을 개설하고 육아에 관심 있는 아빠들의 참여를 기다렸지만, 잠깐 들어왔다가 나가는 경우도 많았고 다른 목적으로 들어 오기도 했다. 하지만 포기하지 않은 끝에 지금은 작지만 정기적으로 오프라인 모임도 하고 있다. 육아를 중심으로 아빠들이 모인다는 것은 새로운 경험이다. 육아에 대한 서로의 고민과 경험을 나눌 수 있고 지역 기반이다 보니 아이들과 방

TIP

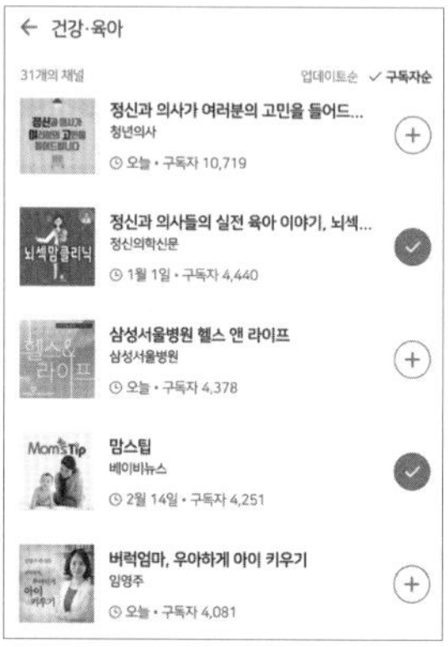

▲ 네이버 육아 관련 오디오클립

문할 곳, 아이와 가도 좋은 맛집, 지자체나 기관에서 지원하는 프로그램 등 다양한 정보를 공유할 수 있었다. 또 육아하는 아빠들의 연령대가 비슷해 저마다 마음속에는 가지고 있지만 직장에서는 차마 이야기할 수 없는 고민들도 나눌 수 있다.
옛 말에 세 명만 모여도 그중에 스승으로 삼을 만한 사람이 있다고 했다. 노후나 취미 관련 교육을 담당하는 사람, 공기업에 근무하는 사람, 유튜브로 상당한 조회 수와 구독자를 가진 사람, 공유주택이라는 새로운 주거 형태에 도전하는 사람, 자동차 정비를 업으로 삼고 있는 사람 등 다양한 분야에 관심과 능력을 갖춘 아빠들이 모이게 되었다. 초기에는 자신을 드러내는 일이 적었지만, 점차 시간이 지나며 신뢰가 쌓이자 자신을 드러내고 생각과 고민을 나누는데 허물이 사라지게 되었다.
아직은 가야 할 길이 멀다고 생각한다. 조금 더 많은 사람이 모여야 최소한의 오프라인 모임이 유지되고 보다 다양한 소재의 이야기들이 오가며 활성화가 될 것이라 생각한다. 이런 생각에 지자체 놀이방(육아종합지원센터)이나 놀이터 혹은 공원에서 마주치는 수많은 아빠들에게 이 모임에 대해 알리고 싶은 마음도 있지만, 아쉽게도 아직 실천하지는 못하고 있다. 기회가 된다면 육아종합지원센터 등의 시설을 활용한 모임이나 프로그램을 통해 아빠들과 소통하며 경험과 고민을 나누는 자리를 마련할 생각이다.
아이를 데리고 나와 놀이터에서 놀다가 마주치는 아빠들 사이의 어색한 미소와 눈인사는 우리가 극복해야 할 현실의 단면을 보여준다. 하지만 경험상 한쪽이 먼저 손을 내밀면 그 손을 뿌리칠 아빠들은 많지 않다. 엄마들만큼이나 아빠들 역시 육아라는 미지의 세계에 대한 궁금증이 있기에 지금 이 시간에도 육아라는 추상적이고 막막한 대상을 배우고자 하루에도 수많은 아빠들이 육아카페의 문을 두드리고 있다. 필요와 요구가 있으니 점차 눈에 띄는 변화도 생겨나리라 생각한다. 그 변화의 주인공이 당신이 되어도 좋고 그것이 아니라면 검색이나 손품을 통해 내가 살고 있는 지역의 아빠들이 활동하는 커뮤니티에 참여하는 것이 육아에 관한 관심을 높이고 아빠육아에 도움이 되는 조력자를 얻는 길이기에 추천하고 싶다.

▲ 육아 관련 팟캐스트

육아라는 것이 전문가들이 말하는 것처럼 공식이 있거나 모든 이론이 딱딱 들어맞는 이상적인 것이 아니라서 아이들의 기질마다 부모의 가치관마다 다를 수밖에 없다. 그렇기에 일반화된 이론과 사례를 접하는 것보다는 경험과 사례를 공유하고 나누는 것이 실질적인 육아에 도움이 된다.

실제로 팟캐스트에서 자주 듣는 채널 중 '대디스토크'가 있는데, 교회의 육아와 관련된 아빠 모임에서 시작해 출판과 강연 그리고 인터넷 방송으로까지 확대된 경우다. '대디스토크'의 모든 아빠들이 처음부터 육아에 관심과 깊은 배경 지식을 가지고 있었던 것은 아니다. 서로 모여서 생각과 경험을 나누다 보니 자신 안에 잠자던 부성애와 육아 세포가 깨어난 것이다. 혼자서 하는 고민은 그 깊이와 넓이가 제한될 수밖에 없다. 그렇지만 서로가 손을 맞잡고 나간다면 더 넓은 세상의 경험과 더 높은 이상에 대한 희망을 가질 수 있다. 육아는 20년 이상의 긴 여정이기에 함께할 동지를 찾는다는 것은 육아의 여정을 충만하게 해주고 지치지 않고 나아갈 수 있는 기회를 만들어 줄 것이다.

북큐레이션 • 내 아이를 주도적이고 자존감 높은 사람으로 키우고 싶은 부모들이 『아빠, 육아휴직해도 괜찮아』와 함께 읽으면 좋은 책!

우리 아이 30일 자존감 노트

조은혜 지음 | 12,000원

어머님, 지금 올려줘야 할 것은
성적이 아니라 자존감입니다!

현직 교사인 저자가 실제 교육 현장에서 아이들을 관찰하고 학부모와 면담하며 발견한 '자존감 습관'을 담아낸 책이다. 생생하고 풍부한 현장 경험을 바탕으로 상황별, 아이 유형별, 학년별로 어떤 습관이 필요한지 친절하게 안내해준다. 또 학교에서 아이들과 겪은 에피소드를 중심으로 설명함으로써 부모들은 마치 상담을 받는 듯한 기분으로 편안하게 읽을 수 있다.
이 책을 통해 자신의 소중한 가치를 아는 아이, 스스로의 능력을 믿고 노력하는 아이, 어떤 상황에서도 흔들리지 않는 단단한 아이로 키우는 방법을 배워보자.

엄마 자격증

진이주 지음 | 13,800원

공감 대화법부터 칭찬법, 문제행동 대처법까지
현실 육아 지침 28!

'어떻게 하면 내 아이에게 더 나은 엄마가 될 수 있을까?' 육아가 서툰 초보 엄마들을 위해 내 아이를 주도적이고 자존감 높은 사람으로 키우는 법을 알려주는 책!
부모가 되는 데 자격증이 필요하다고 하면 의아해할 수 있으나 유대인들은 아이를 낳기 전 부모가 되는 공부를 한다. 부모로서 올바른 가치관, 부모의 역할이 무엇인지 미리 학습하는 것이다.
이 책은 육아가 서툰 엄마들에게 20여 년간 가족 상담 전문가로 활동해온 저자가 아이와 마음으로 대화 나누는 법, 관계를 좋게 만드는 칭찬법, 문제 행동 대처법까지 현실적인 육아 지침을 이야기한다.

한 권으로 끝내는 초등 독서법

최원일 지음 | 15,000원

내 아이를 미래 능력자로 길러줄
학습, 재능, 인성 통합 코칭 솔루션

현직 교사의 생생한 독서활동 보고서이자 성장 보고서, 아이들에게 평생 자산이 될 살아 있는 표준 독서법 지침서다. 14년 차 초등학교 교사인 저자는 수년간 아이들과 함께 좌충우돌 파란만장 책 읽기 항해를 거듭하여 재능과 적성을 설계해주고 인성까지 통합적으로 양성해주는 획기적인 독서법을 제안한다. 아이들의 앞날을 고민하며 길을 찾는 부모들과 교사들에게 책 읽기의 가치를 재발견하고, 그 위력을 실감할 소중한 기회가 되어줄 것이다.

어른이 되기 전 꼭 배워야 할 인성 수업

박찬수 지음 | 13,000원

"지금 내 아이에게 무엇을 가르쳐야 할까?"
4차 산업혁명 시대, 아이의 미래를 걱정하는 학부모,
교사를 위한 인성 교육 길잡이

30여 년간 공교육과 사교육 현장에서 아이들을 가르친 저자는 공부는 잘하지만 다른 사람과 잘 못 어울리는 아이, 꿈을 찾지 못해 불안해하는 아이 등 수많은 제자를 만나고 상담하고 가르친 경험을 바탕으로 어른이 되기 전에 배워야 할 단 하나의 가르침 인성에 대해 알려준다. '해냈다'는 자신감을 얻은 마라톤, 지리산을 걷고 이별 여행을 하는 감동 스토리를 읽다 보면 자연스럽게 인성 교육 방법을 깨닫게 될 것이다.